知的生きかた文庫

優秀な人がこっそりやっている仕事のスゴ技75

木部智之

三笠書房

はじめに

▼仕事が速い人は「見えないところ」で何をしているのか？

本書は仕事のスピードをアップさせるためのあらゆるテクニックを、「誰でも、今すぐできる」レベルまで落として紹介したものです。

予定通りに仕事が終わらない「仕事が遅い人」と、いつも余裕があり、サクサク成果を上げる「仕事が速い人」。その差はどこで生まれているのでしょうか？　「仕事のスピードを上げたい」というのは、多くのビジネスパーソンの望みでしょう。にもかかわらず、そのスキルやテクニックが共有されることはほとんどありません。

その理由は、「仕事が速い／遅い」という「結果」は誰にでも見えますが、**「なぜ速いのか」「なぜ遅いのか」という「要因（プロセス）」は可視化されないため、他の人に伝わりにくい**からです。要は、速さの秘訣がブラックボックスになっているのです。

例えばパソコンのショートカット。誰でも知っている技術ではありますが、仕事が速い人は驚くほど多くのショートカットを使っています。しかし残念ながら、それを一つひとつ他人に教えたりはしません。

ショートカットを使いこなす人と、そうではない人。一つの動作では数秒の違いかもしれませんが、その積み重ねが大きな差となって結果に現れるのです。

キャリアを重ねれば重ねるほど、周りの人から「もっとこういう効率的なやり方がありますよ」と指摘されることも減り、「行動のクセ」「思考のクセ」が〝遅いモード〟のまま、どんどん歳を重ねてしまう人も多いのだと思います。

反対に、**仕事が速い人が実践しているテクニックは、本人にとっては「当たり前」のものが多いため、共有されないままその差は累乗で開いていってしまう**のです。

実際、私も「えっ、そんなことしてるんですか？」とメンバーに言われてはじめて、自分が人と違うやり方をしているということに気付くことがありました。

そういう経験が数多くあり、自分がかなりの「スピード狂」であることを実感するようになりました。いつも仕事の速さを意識はしていましたが、それまではみんなも同じようなことをしているのだろうと思っていたのです。

▼「知っているか、知らないか」「やるか、やらないか」で差がつく

私は、日本ＩＢＭにＩＴエンジニアとして入社し、そのキャリアのほとんどをシステム開発のプロジェクトに費やしてきました。そして、そのほとんどのプロジェクトはトラブルの火消しばかりでした。

その中でも、業界でも有名な超大規模・大炎上プロジェクトで、日本と中国の大連を合わせて数百人の開発チームのリーダーを担当したことがありました。そのチームを引き継いだときは、プロジェクト内で進捗・品質ともに最後方に位置していましたが、１年あまりで先頭を走るチームへと変革させました。

引き継いだ当初は、チームのスケジュールがかなり遅れていたため、まずはプロジェクト全体のスケジュールに追いつくため、どうすれば最高の効率で、最速で成果をあげられるかを徹底的に考え続けました。**ビリが普通にやっていては、当然、追いつくことすらできないからです。**

また、私自身、朝から夜までミーティングが詰まっている状態の中、数百人のメンバーに的確な指示を素早く行い、日々発生する問題を即座に解決しなければなりませ

んでした。このような状況の中、自分自身の仕事と数百人のチームの仕事が最速となるよう、数々の仕事術を実践することでチームを大きく立て直し、今やスケジュール、成果ともにトップのチームとなりました。

成果だけを見ると、普通の人にはできない難しいテクニックを用いているのではないかと思うかもしれません。しかし、そんなことはありません。ただ単に、「誰でもできるちょっとしたテクニック」をコツコツとやってきただけです。周りにいる仕事の速い人たちも同じように、ちょっとしたテクニックをたくさん知っていたり、自ら編み出して実践しているだけなのです。

▼「面倒」だからラクをしたい

本書のテクニックのなかには、「〆切を守れないときはどうするか?」といった、いわゆる裏ワザも紹介しています。「〆切を守らなければならない」とか、「先送りはダメ」「誘惑に負けるな」という理想論は、誰もが知っています。でも実際の現場では、そういったきれいごとだけではうまくいかないから困っているわけです。

実は、私自身、学生時代は徹夜でゲームをやり込むような、優秀とは程遠い普通の人間でした。もっと言うと極度の面倒くさがりで、朝は1分でも長く寝ていたい、その上ビールが大好物でやめようと思ってもやめられない——。そんな私でもできることだけを厳選しましたので、安心してください。

むしろここに書いた内容は、**「面倒くさいから、ラクして速く、仕事を片づけたい」「面倒くさいから、ムダなことはしたくない」**という考えが根底にあります。

私のような「普通の人」が「きれいごと抜き」の職場でなんとか成果を出そうと奮闘する。そんなときに、本書が役立つ1冊となってくれたら、これほどうれしいことはありません。

木部　智之

◎目次

第1章

仕事の速さは始める「前」に決まる

仕事の「前」

第2章 「作業のスピード」は習慣化で速くなる

メール

資料作成

第3章

「チームのスピード」は仕組みで速くなる

待ち時間ゼロ

伝え方

第4章 「時間」をひねり出す

スキマ時間

集中する

第5章

「思考のスピード」は型で速くなる

インプット

思考の「型」

※本書で紹介しているパソコン操作画面は、Windowsを基本としています。

図版作成：トモエキコウ（荒井雅美）

第1章

仕事の速さは始める「前」に決まる

優秀な人は、「なんとなく」仕事を始めることはありません。

仕事の速さもその出来も、実は仕事を始める「前」に決まっていることがほとんどです。

01 仕事を速くする3つの原則

「仕事が速い人」というと、「頭の回転が速い」というイメージが強いと思います。次から次へと猛烈なスピードで仕事を処理する人＝デキる人だと考えている人も多いのではないでしょうか。でも本質は、それだけではありません。

私は仕事の速さには3つの要素があると考えています。仕事が速い人はこの3つを兼ね備えています。その3つとは、**「速くやる」「ムダを省く」「確実にやる」**です。

原則① 速くやる

手の動きそのものの速さであったり、マウスを使わずにショートカットで操作をするなど、動きを速くすることです。1回1回は数秒の違いですが、そのテクニックを「知っているか、知らないか」「やるか、やらないか」でどんどん差が開いていきます。

誰でもいろいろなテクニックを覚えることで速さを追求できます。

原則② ムダを省く

やらなくてもいい作業をしてしまったその時間、それはムダな時間です。ひとりでやる作業も、誰かとのやりとりも、考えることも……仕事が速い人はムダなことをしていません。

一方で、仕事が遅い人は「ムダ」に気づいていないことがよくあります。どんな作業がムダかを見極め、そのムダを取り除けば、おのずと仕事が速くなります。

原則③ 確実にやる

確実にやるということは、一見遅いようにも見えますが速さにつながります。やったことが間違っていたら、やり直さないといけません。どこからやり直すかを考えること自体にも、時間がかかります。実は、速くやって間違ってしまうよりは、ゆっくりやって確実な方が最終的には速いのです。

私は**「仕事は一発で仕留める」**を信条にしていますが、この考え方を持っている人は少ない気がします。

02

仕事の「前」

仕事が速い人は必ず「初動」が速い

世界を股にかけた大きなプロジェクトにも、A4の資料を1枚コピーするのにも、必ず「最初の一歩」があります。

仕事の速さを決める一番重要なことが、実はこの「初動」です。

第一歩を踏み出さないかぎりは絶対にゴールに近づきません。**仕事に要する時間が同じであれば、「初動」が速いほうが終わるのが速い**のです。

あたり前のように聞こえるかもしれませんが、この事実を忘れている、あるいは知っていてもできない人が、9割です。仕事が速い人というと、いつも忙しそうに、ものすごいスピードでキーボードを叩いている人を想像するかもしれませんが、それは間違い。実は、その仕事を始めるまでの「初動」の速さこそが、仕事の速さを決めているのです。

すぐに着手したほうがいいとわかっていても多くの人がすぐに動けない理由、それは「完璧」を求めていることが原因です。例えば、**「この仕事は力を入れたいから、まとまった時間でじっくりやろう」**――こう考える人は、5時間かかる仕事を5時間確保できるまで始めません。忙しいビジネスパーソンにそんなまとまった時間はないので、いつまでも始めることができず、遅くなります。

また、**「やると決めたけどその判断は本当に正しいのか、もう少し考えてみよう」**――自分の判断が正しいか間違っているか不安になってしまい、もう一度考え直してしまう人もいます。これは「失敗したらどうしよう」という恐怖心の裏返し。仕事が速い人は仕事に完璧な「正解」はないことをわかっているので、一度決めたら動き出します。〝まあ、これでやってみるか〟という「最適解」で十分なのです。

私もかつては「じっくり考え直してからやったほうがいい仕事もある」と考えていました。でもあるとき試しに「決めたらとにかくすぐにやる」と決めて実行してみると、結果はたいして変わらず、逆に、どんどん仕事が片付くようになりました。

03

仕事の「前」

最初は、遅くても確実にやる

私がメンバーに、「この仕事、速くやって」とお願いすると「急いでやると雑になって質が落ちてしまいますがいいですか？」と聞き返されることがあります。

残念ながらこの考え方は間違っています。リーダーとしてメンバーの仕事を見ていると、**仕事が速いメンバーは、必ずその仕事のクオリティも高い**のです。

なぜでしょうか？　理由は簡単で、彼らはまず質が高く、確実な仕事ができるようになった上で、仕事が速くできる工夫をしているからです。ですから、**最初は遅くてもいいので、確実にできるようになってください**。

私は日本IBMにITスペシャリストとして入社したので、プログラミングやエクセルは得意でしたが、パワーポイントを使ったことはほとんどありませんでした。初めてパワーポイントが必要になったのは、入社8年目、役員のスタッフ職に就いたときです。まったくパワーポイントが使えず、資料作成にすごく時間がかかりました。

しかし、そこで小手先のテクニックには走らず、まずは、パワーポイントの基本的な機能を、本やインターネットで調べて身につけました。「エクセルならこんなことをいちいち調べなくてもできるのに……」とストレスもたまりましたが、最初は確実にできるようになることが大切だからと、自分に言い聞かせました。

結果的に、基本をひと通りマスターして確実にできるようになってからは、いっきに資料の完成までの時間が短縮できるようになりました。

1回1回の仕事が雑だったり、質が低かったりすると、その都度「やり直し」が発生します。**同じことを2回やるのは、絶対的な時間のロス**です。

例えば資料の間違いが1カ所見つかると、その資料をチェックする側は「データ自体が違っているのではないか？」などと疑いの目でチェックをしなければならなくなります。そうすると「そもそもデータソースが合っているか確認して」などと、間違っていなければ必要なかった作業まで増えてしまうのです。

04

仕事の「前」

「一番時間のかかる作業」を見極めよ

エレベーターに乗ったとき、「行き先階」ボタンと「閉」ボタンのどちらを先に押せば最速で行き先階に行けるでしょうか？　答えは「閉」ボタンです。

仕事のスピードは、段取り次第でいかようにも変わります。段取りが命です。**段取りとは、言い換えると「仕事をどの順番でするか」**ということ。

段取りを考えるときは、次の6ステップで行います。ちょっと複雑ですが、最も大切なのは、**「一番時間のかかる作業を見極めること」**。そして、「その作業を中心に、順番を組み立てること」です。

こう考えるとエレベーターが動き出すまでに一番時間がかかるのは、ドアが閉まるまでの時間なので、先に「閉」ボタンを押すわけです。

ステップ①　仕事のゴールを決める

まずは、目的は何か、どのレベルで完了させればよいのか、これから取り掛かる仕事のゴールを設定します。

ステップ②　仕事のゴールまでをいくつかの作業に分解する

仕事は、複数の作業の積み重ねでできています。着手してから完了するまでを、いくつかの作業に分解します。

ステップ③　作業ごとの時間を見積もる

次はそれぞれの作業にかかる時間を見積もります。10分、1時間、半日など、肌感覚で十分です。このレベルで精度を突き詰める必要はありません。

ステップ④　一番時間のかかる作業を見極める

それらの作業の中で一番時間のかかる作業を見つけます。仕事の段取りは、この一番時間のかかる作業を中心に組み立てます。

ステップ⑤　作業の依存関係を見極める

作業には依存関係があります。〝どの順序で進められるか〟、〝どの作業が並行してできるか〟を見極めます。

ステップ⑥ 作業の段取りを決める

ステップ①〜⑤までが終わったら、最後は、これらの作業をどういった順序でこなせば最速でゴールにたどり着くかという、作業の〝パズル〟を組み立てれば、段取りは完了です。この最後のパズルのときに、**一番時間のかかる作業を中心に組み立てる**のです。

この段取りの6ステップは、実は普段の生活の中でトレーニングができます。

例えば、コンビニで支払いをするときに、どうすれば最速で支払いを済ますことができるかを段取ってみます。

弁当とお茶、デザートを買うとき、「弁当を温める時間」が最も時間のかかる作業となります。そのため、店員さんが一番先に弁当をカゴから取れるように、店員さん側に弁当をおきます。そして、弁当をレジ打ちしたら即、温めてもらっている間に他の商品のレジ打ちをしてもらい、支払いまで済ませておきます。弁当が温まったらそれを受け取って終わりです。

こういう考え方を普段からクセづけておくと、仕事のときにもすぐに段取りを意識して動くことができます。

段取りで速さが変わる

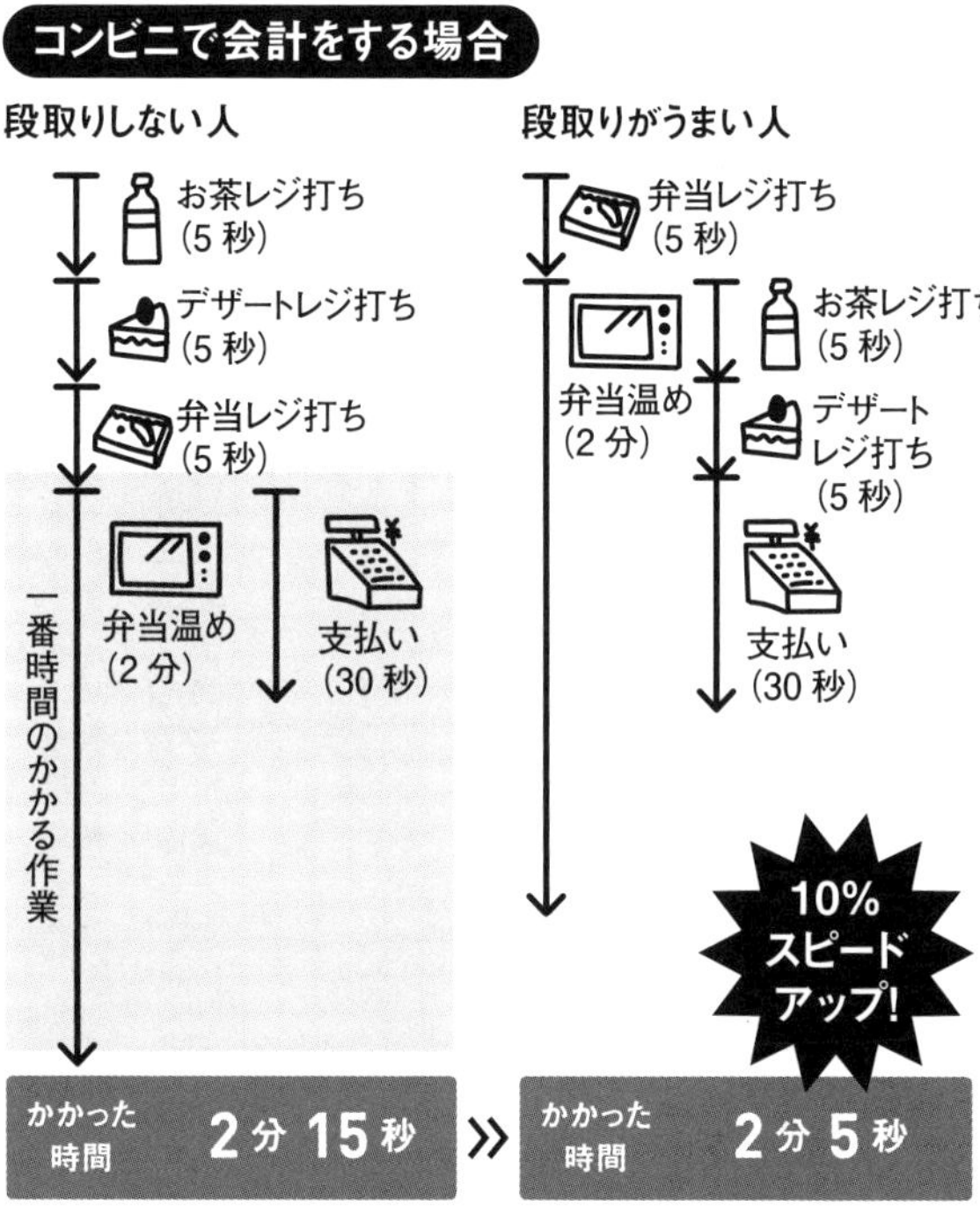

Point

段取りは「一番時間のかかる作業」を中心に組み立てる

05

仕事の「前」

2回目までは力技でやる。3回目以降は効率化する

仕事をするときに、あまり深く考えずにとにかく行動して、最後に帳尻を合わせていくタイプ＝「力技タイプ」の人と、事前にいろいろ作戦を練って、計画通りに実行するタイプ＝「頭脳タイプ」の人がいますよね。私は最速で仕事を終わらせるために、この2つの人格を、自分の中に持つようにしています。

1回しかしない仕事で、かつ1時間で済むようなものに対しては、あれこれ考えたり、効率的な方法を調べてから着手するよりも、力技で1時間で片付けてしまったほうが速い場合もあります。例えばテキストを打ち込むだけ、ひたすらホチキス留めをするだけといった作業です。こういった作業は「どうやったら効率的にできるか?」「ムダな作業はないか?」などと考えている時間自体がムダです。力技でいいので、

1時間でやってしまいましょう。

ところが、「このデータをまとめておいて」と言われた仕事が1回だけだと思っていたら、予想に反して「もう1回やって」と言われることもあります。まあ、**2回目までは力技で様子を見ましょう**。ですが、さらに「もう1回やって」と頼まれ、同じ仕事を**3回やることになったら、4回、5回とそれ以上繰り返す可能性が高くなります**。3回目となったときは、必ず効率化を考えるようにしてください。

例えば、私はこの本の原稿をワードで書いています。私は、仕事上でワードを使うことがあまりないので、ワードのテクニックをあまり知りませんでした。

目次の項目ごとに原稿を書いていて、見やすくするために項目ごとに「改ページ」を入れることにしました。最初は、メニューから改ページコマンドをマウスでクリックして挿入していましたが、何度も何度もやると面倒に感じてきました。改ページを行うのが1回、2回ならいいのですが、見出しは75個もあります。そこで、92ページで紹介している［Alt］のワザを使って効率化しました。効率化するときは調べる手間がかかることもありますが、**効率化するための手間は先行投資**です。

06

仕事の「前」

毎回100点を目指さない

学校のテストや受験勉強では、100点を目指して1点でも多く取ることが価値のあることでした。

しかし、ビジネスにおいてはそうではありません。すべての仕事に対して100点を目指してはいけません。むしろ、100点が必要な仕事はごくごく限られています。20点、50点、80点……場合によって、必要な点数は違ってきます。

80点の仕事を100点にするには、60点の仕事を80点にすることの10倍の労力と時間がかかると言われています。当然ながら相応のコストもかかります。完璧を目指したがゆえに、最低限必要な労力の何倍もの労力をかけてしまうことになるのです。

まず、仕事に取り掛かる「前」に、その仕事のゴールを何点にすればいいのかを決めましょう。

例えば、「何かを調査して、結果をまとめる」という仕事があるとします。「チームのメンバー」「上司」「お客様」「社長」……提出する相手によって、必要な点数は違います。調査した結果を、ちょっとした手書きのメモで報告すればいい場合もあります。逆に、調査したデータの出典まで含めて、しっかりとパワーポイントで資料を仕上げないといけない場合もあります。

やってはいけないのは、メモレベルで調査結果を報告するような「20点レベル」でよい仕事に、「80点の労力」をかけてパワーポイントにまとめ、報告してしまうことです。上司に調査結果を報告したところ、「こんなにきれいにまとめなくてよかったのに」と言われたら、残念ながらムダな時間を投下してしまったことになります。

大切なのは、必要最低限の点数のものを必要最小限の時間でアウトプットすることです。

▼人に依頼するときはゴールの点数を決める

自分が人に仕事を依頼するときもこれを心がけておくといいでしょう。

依頼する相手に、
・○○点レベルのものを
・いつまでに仕上げて
と伝えておけば、その人がムダに時間を使ってしまうのを避けることができます。

▼ゴールが20点なら、22点取る

さらに付け加えておくと、必要最低限の点数を理解した上で、それに「1点か2点プラス」でアウトプットすると、相手からの評価が高くなります。

例えば、「急ぎで」と頼まれた手書きメモの入力作業に、比較対象となる別の商品の調査結果をプラスアルファとして加えてみる。相手は20点を期待していたので、22点でアウトプットすると「デキる」と評価してもらえます。

速さに加えて決めた点数を少しだけ上回る、ということを意識するといいでしょう。

「いつも100点」は遅くなる

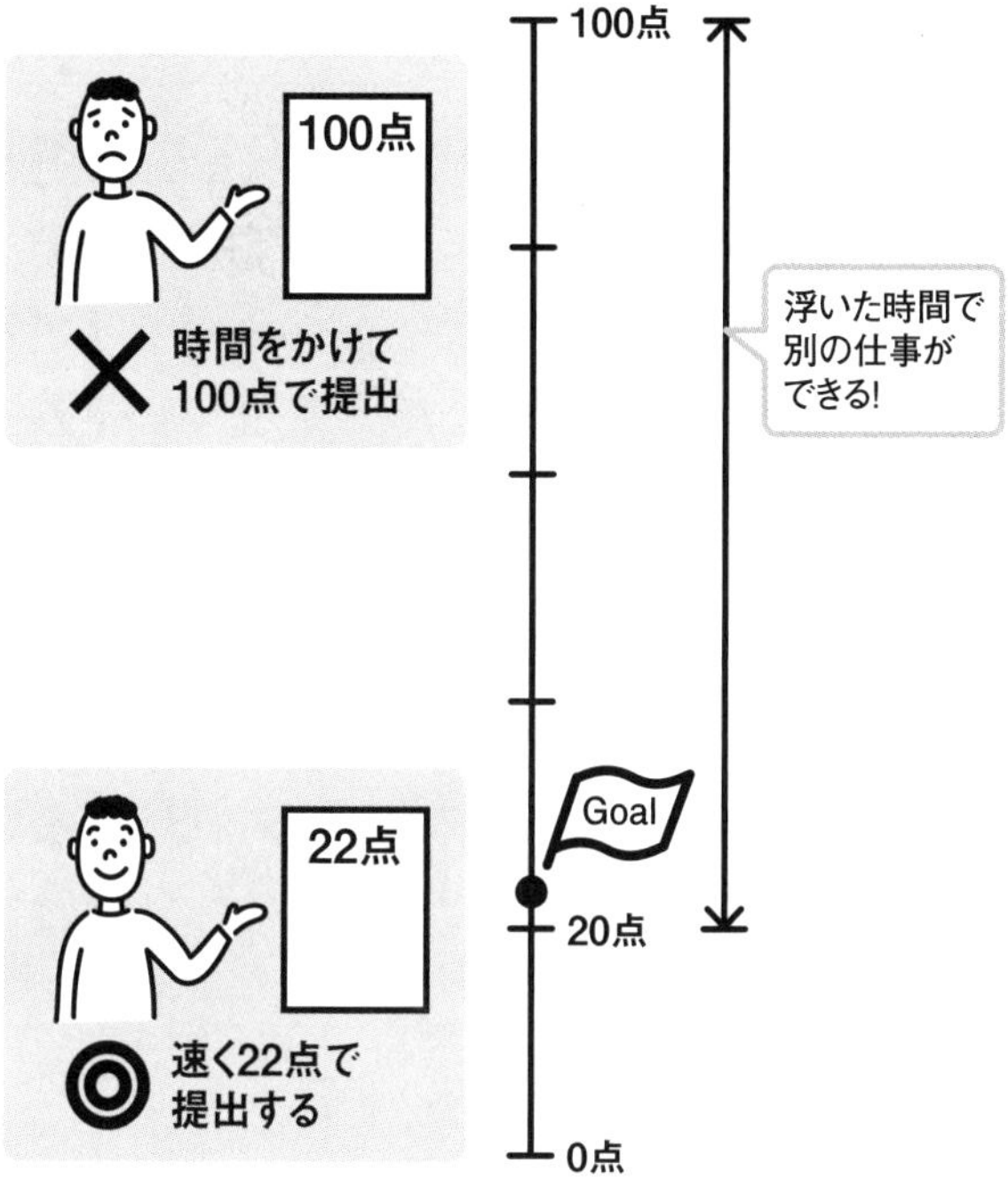

Point

最初にゴールの点数を確認することで、
ムダな労力とコストをかけないようにする

07

〆切

「期限に間に合わない！」さて、どうするか？

提出物の〆切を守る人と、守れない人。その違いはどこにあるのでしょうか？

外資系企業では、自分で約束した日付に提出物を出せないと「0点」と見なされます。とにかく成果を厳しく問われる文化なので、これを繰り返すと、残念ながらどんどん肩身の狭い思いをしていきます。

私は常に完璧に、すべての仕事を先送りせず、〆切までに120点のアウトプットをしています……と言いたいところですが、残念ながら、そんなことはまったくありません。

突然トラブルが発生してその処理に追われ、提出しようとしていた資料を仕上げられないまま〆切の日が来てしまう。あるいは上司から突発的に「これ、今日中にまとめて」という割り込みの仕事が入り、自分が出さなければいけないものに、まったく手が付けられなかった。こうしたピンチを、何度も経験してきました。

期限まであと1時間。ゴールは80点で仕上げるべき仕事が、正直50点までしか仕上がっていないとしたら、あなたはどうしますか？

ここで絶対にやってはいけないのが、「すみません、期限に間に合いそうもありません」と報告して提出しないことです。期限までにアウトプットできないということは0点なのです。

では、どうするか。**50点でもいいので、何が何でも〆切までに提出してください。**クオリティは、50点で妥協してしまってOKです。是非はともかく、仕方がありません。そのときに「クオリティはまだ50点です」などという報告もしなくていいです。とにかく耳をそろえて、提出してください。

ただし「これはあきらかに終わっていないだろう」と、バレてしまっては意味がありません。バレないためにはちょっとした工夫をします。

【NG①】用語や数字の確認が終わっていないため「?」がついている
【NG②】まだ確定できない部分に「××円」など、ダミーが入っている
【NG③】前のほうは仕上がっているが、後ろのほうが仕上がっていない

このような「明らかに〆切に間に合わなかった感」を排除すれば、自分では50点と思っている資料でも、なんとか体裁は整います。

調査が終わっていなかったり、裏が取れていない資料を出す場合でも、「まだ調べていない」ことは、自分だけがわかっていればいいことです。まず一度提出したうえで、**「もう少し数字の確認をすることがあるので、変更があれば3日以内に追記します」**としておけばOKです。

「未完成」の印象をなくす3つのテクニック

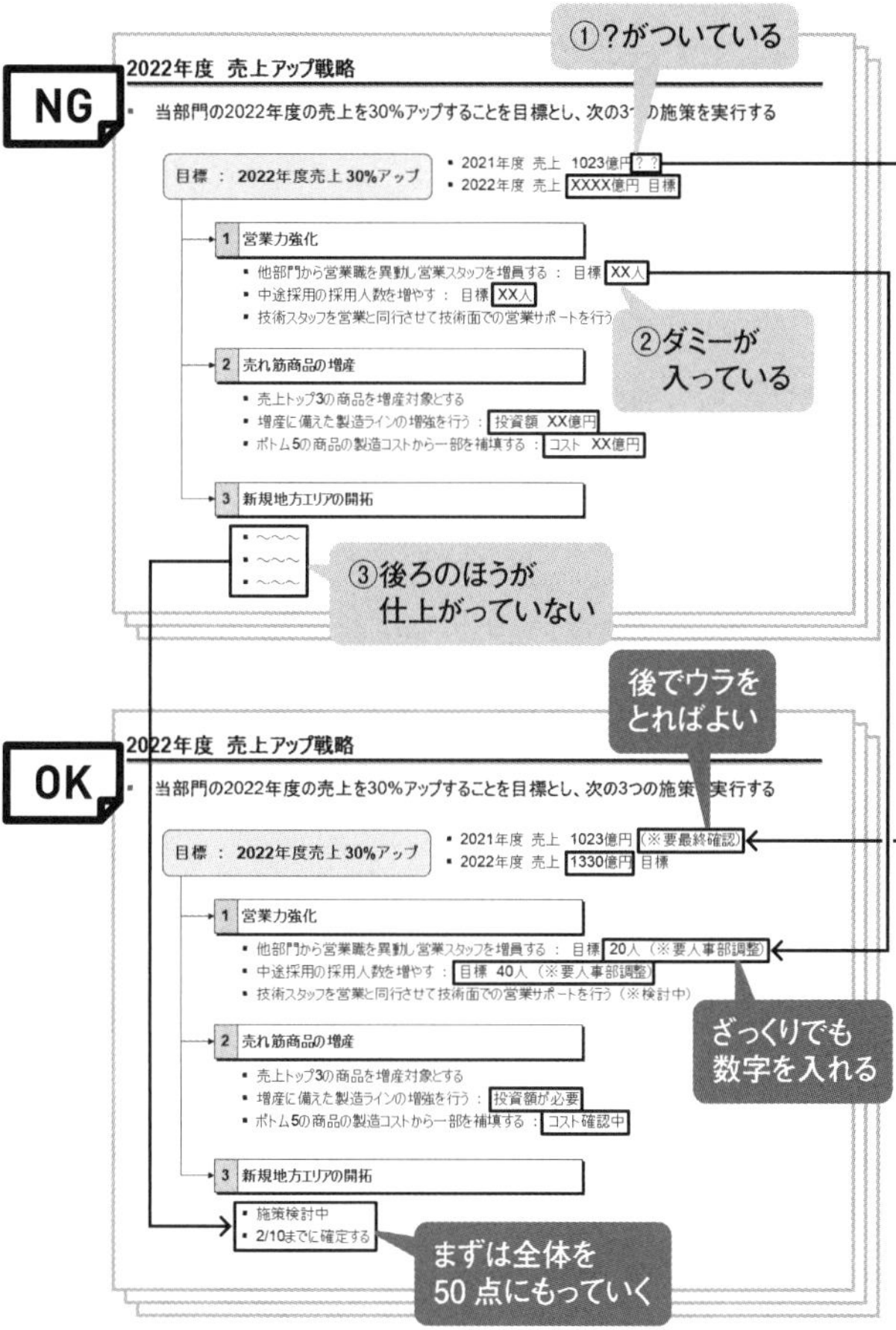

08

〆切

期限があいまいな仕事こそ、期限を決める

「来月くらいまでに、この調査をしておいて」「時間があるときでいいから、資料にまとめておいて」など、期限があいまいで自分のペースでできる仕事は、ついダラダラと進めがちです。

期限を決めずにいると、どんどん「〆切ギリギリ」まで仕事が溜まってしまいます。そして、「1日でいっきにやればいいや」などとたかをくくっていると、必ず急な割り込みの仕事が入ってきたりするものです。

その結果、もともとは「ゆるい作業期限」だったものが「〆切のきつい作業」になり、自分を苦しめることになります。そして突然上司から、「お願いした資料、まだできてないの?」とチェックが入ると、あなたの評価まで落ちてしまいます。

そうならないためにも、期限があいまいな仕事こそ率先して速くやりましょう。

早めに終わらせるコツは、**頼まれたその瞬間に、手帳にToDoとして〆切を書き込む**こと。そして、**いっきにやる**ことです。期限の設定は、あらかじめいろいろな「割り込み」が入ることを織り込んで、**本来の〆切よりも少なくとも1週間**くらい余裕を持って書いておきましょう。

基本的に人間は怠惰です。もちろん、私もそうです。たとえ1時間で終わる作業でも、期限が3日先であったり、10日先であったりすると、本腰を入れた作業は、たいていはその直前にしかやりません。しかも、その直前までは、思いつきでちょこちょこ仕事をするため、無闇に時間を浪費してしまうのです。

また、いっきに仕上げずダラダラ進めていると、仕事がずっと頭に残った状態になっています。そうすると他の仕事の邪魔になってしまい、トータルで仕事が遅くなってしまいます。

09

〆切

一度約束を破ると、泥沼に陥る

約束を破ることを、外資系企業ではコミット（約束）できなかったという意味で、「デコミット」と言います。通称「デコミ」です。

「今期の売上目標は1億円です」「7／31までにこのタスクを完了させます」「4／30までに資料を提出します」など、ビジネスではさまざまなことをコミットしなければいけません。そして、それを達成すべく、邁進していくのです。

一度した約束を破ることは、その人の評価・価値を下げることになります。外資系企業では、こういう人を「デコミ野郎」とか「やるやる詐欺」などと揶揄《やゆ》し、最も恥ずべきこととしています。

私も、先日、あるメディアに寄稿する原稿の〆切をデコミットしてしまいました。

1月中旬に向けて原稿を提出し、その後メディアに掲載する予定にしていました。しかし、当初の計画よりも早く本業が佳境をむかえてしまい、かつ、本書の原稿の〆切も重なってしまいました。

そのような状況になると、それぞれの仕事に優先度をつけて対応せざるを得ず、やむなく寄稿原稿の優先度を下げたため、予定日までに原稿を仕上げることができなかったというわけです。

すると、一度期限を過ぎてしまったことで、「どうせ遅れているし、いつでもいいや」という気持ちになってしまいました。一度そういうモードに入ってしまうと、あとは悪循環です。どんどんToDoとしての優先度が下がり、原稿を書く時間がないわけではないのに、他の仕事ばかりをやってしまいました。

結局、当初の予定よりも3週間も遅れて原稿を書き上げることになりました。こんなことを繰り返していると、仕事が遅い人間であると評価されてしまいます。何より、信用を失います。

実は、1回の遅れよりも怖いのが、この**「遅れグセ」**がつくことです。

〆切に間に合わないことがあまり恥ずかしくなくなるために、それが習慣化してしまうのです。

そこで、デコミットに慣れないための重要なポイントは2つです。**デコミットしてしまった直後に、新たな〆切日を明確に決めること。そして、2回目は、それを絶対に守る**ことです。

反対に、絶対やってはいけないのが、「すみません！　早めにやります!!」などと、期限を設定せずに謝罪だけするパターンです。

相手も「いつ提出してくれるのだろう」とヤキモキしますし、自分も新しい〆切が決まらないので、ずっと頭から罪悪感が消えません。

第2章

「作業のスピード」は習慣化で速くなる

仕事を速くするための、特効薬があるわけではありません。すべては「ちりも積もれば山となる」。小さなテクニックの積み重ねを「習慣化」すること以外、方法はないのです。

10 リングの方眼ノートを横に使う

最近はスマホやPCでメモを取る人も増えましたが、私はしっかり記憶に留めるためにも、あえて手書きにこだわっています。

仕事を速くするためのノート術で必要なポイントは2つあります。一つは、**速くノートをとること**です。もう一つは、**後で読んだときに、すぐに内容を思い出せること**です。

速くノートをとるといっても、速記者のようなテクニックを覚える必要はありません。どんな環境でもぱっと開いて書く環境を整えることが、最も重要です。

一方で、いくら速く書いても「後で読めないノート」「まとめ直す必要のあるノート」はとても非効率です。私のチームのメンバーで、何でも細かくメモする習慣のある、いわゆるメモ魔がいました。言われたことをメモしない人よりは一見仕事ができるように見えますが、すべてを文章で書くので、ノートをぱっと開いても、何を書いてあるのかもう一度読まないと理解できません。

そうならないためには、図や表を使ってメモをします。図や表であれば後から開いたときにすぐわかりますし、「あのときこう言ってたな」というイメージをすぐに思い出すことができます。また、他のメンバーへの説明も容易になります。

速く書ける、速く理解できる、このポイントを実現するために、私にはノートのこだわりが3つあります。

▼「方眼タイプ」で図が書きやすい

方眼タイプは縦と横に罫線が入っているので、図や表を書くのに最適です。横罫線タイプのノートよりもフリーハンドでも図が速くきれいに書けます。きれいなので後で見直したときもすぐに理解することができます。

▼「横に使う」とぱっと見てわかる

私はノートを横向きに使っています。その理由は、ぱっと視野に入ってくるからです。Ａ４の資料で試してみてください。**縦の資料だと目を縦に動かす必要がありますが、横だとあまり目を動かさずに全体を見ることができます**。これは人間の目が横に並んでついているから、と言われています。テレビの画面や映画のスクリーンが縦に長かったらきっと見にくいですよね。

また、仕事で作成するパワーポイントの資料がだいたい「Ａ４横」のサイズなので、ノートで下書きして、そのままパソコンで作成できるという意味でも効率的です。

▼「リングタイプ」はどこでも書ける

机が狭かったり電車の中などでノートを広げるスペースが十分にないときは、ノートを折り曲げないとメモできません。普通のノートを真ん中で折り曲げると、どうしても山形になってしまい、折り目の部分が書きにくくなります。リングノートを使えば、山形になりません。狭いところでもノートを半分に折り返してストレスなく使えます。ただし、これは前述したようにノートを横向きに使わないとメリットを享受できません。縦で使っているときに真ん中で折り返すと、リングがペンを持つ手に当たって逆に書きにくいからです。

書くのも見直すのも速いノート

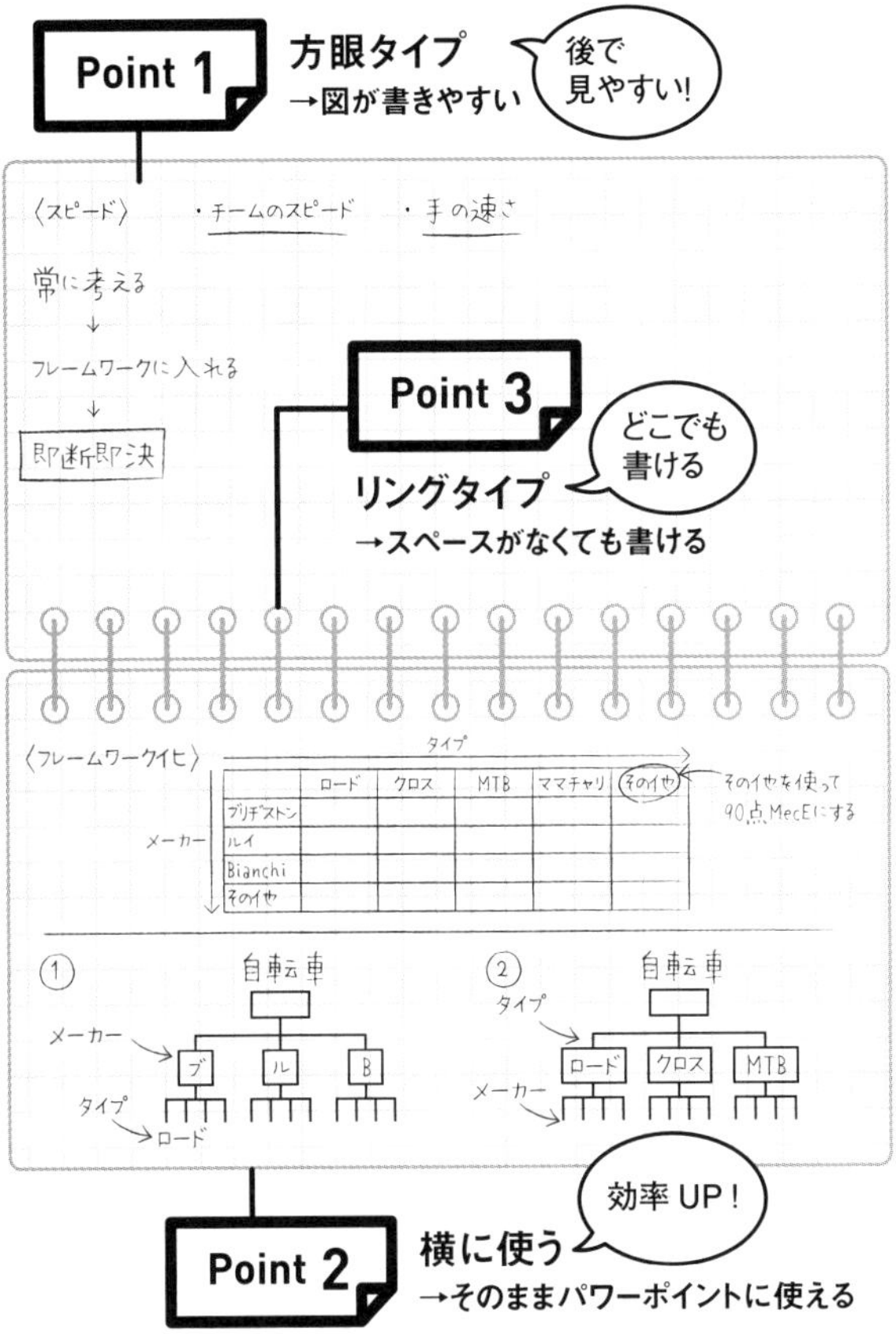

11

道具と仕組み

手帳で「あっ忘れてた！」をゼロにする

「あっ、すみません！　忘れてました！」。仕事が速い人は、ToDo のこうした「うっかり漏れ」がないよう細心の注意を払っています。

スピードを重視する人が ToDo の漏れを嫌がる理由は2つあります。

まずひとつ。**やるべきことを漏らしてしまうと、後々のリカバリーが大変になるからです。**リカバリーが発生すると、本来その時間でやるべきであった仕事ができなくなります。

2つ目の理由は、**周りからの信頼を失う**からです。信頼を失ってしまうと、依頼された仕事に対して、たびたび状況確認が入るようになり、余計に時間がかかります。

ToDo の漏れをなくして仕事を速くするために、私は手帳を使い倒しています。

手帳のタイプについては私なりのこだわりがあります。それは、
・スケジュール欄は左のページのみに縦型にデザインされていること
・そのスケジュール欄の下にメモを書く欄があること
・右ページはすべてメモ欄であること
です。私自身が今使っているのは、「陰山手帳」（ダイヤモンド社刊）ですが、銘柄にこだわりはありません。

取り消し線＋チェックで頭から消す――日次のToDo管理

左側のページには縦型の1週間カレンダーがあります。日ごとのToDoはその下のメモ欄を使います。

例えば、今日が月曜日だとして、今日の会議で水曜日が期限のタスクが出てきたら、水曜日のメモ欄に、
□ 調査結果提示

と書いておきます。

そして、そのToDoが終わったら、

☑ ~~調査結果提示~~

と□にチェックを入れて、取り消し線を引いて潰します。

単なるチェックではなく、取り消し線を引くことにも意味があります。**チェックだけだと、文字がそのまま読める状態で残ってしまいます。そうすると目に入ってきたときに読んでしまう**のです。

線を引いて消しておけば、意識的に読まないかぎりは頭に入ってきません。残っているToDoだけを視覚的に捉えやすくなります。

▼ゆるいToDoはメモページにまとめる——週・月単位のToDo管理

その週のうちのどこかでやればいいとか、1カ月くらいのスパンの中でやればいいというような、ちょっとゆるいToDoもあります。

そういう類のToDOは、右のフリーメモページに書き込んでおきます。これも同じように、終わればチェックを入れて潰します。

▼終わらなかったToDoは金曜日の夜に書き写す

ToDoがすべて終わるとはかぎりません。終わらなかった場合はどうするかというと、金曜日の夜に、翌週のページにそのToDoを書き写します。

この書き写すという行為が重要で、その週にできていなくても、忘れていても、必ず金曜日の夜に書き写すことで頭の中に蘇ります。

普段忘れていたとしても、1週間に一度は必ず思い出すのです。そうすると、うっかり漏れることは絶対にありません。

▼何カ月先でも書いておく——長期的未来のToDo管理

3カ月、半年というくらい先のToDoは、あらかじめその時期のカレンダー下のメモ欄に書き込んでおきます。

例えば、1月現在の私の場合、4月末にやるべきこととして、

□ 社外セミナーの件、状況確認

などとすでに書いています。そうすると、その頃に状況確認を行うことができ、その時点で何かあってもリカバリーできるようにしています。

私のこのToDo管理法のポイントは、ToDoを思い切って忘れて目の前のことに集中するというところです。頭の中からノイズをなくし、そのときどきの仕事を速く完成させるのです。

ToDo管理がうまくできない人は、「あれをやらなくちゃ」という内容が常に頭の中に残った状態になっています。やるべきことが5個あれば、その5個がときどき頭の中に思い出され、「あれもやらなきゃ」「これもやってないや」と心配ごとが増えてしまいます。そうすると、**そちらに気を取られてしまい、集中すべきことに集中できなくなってしまいます。**

「うっかりゼロ」の手帳術

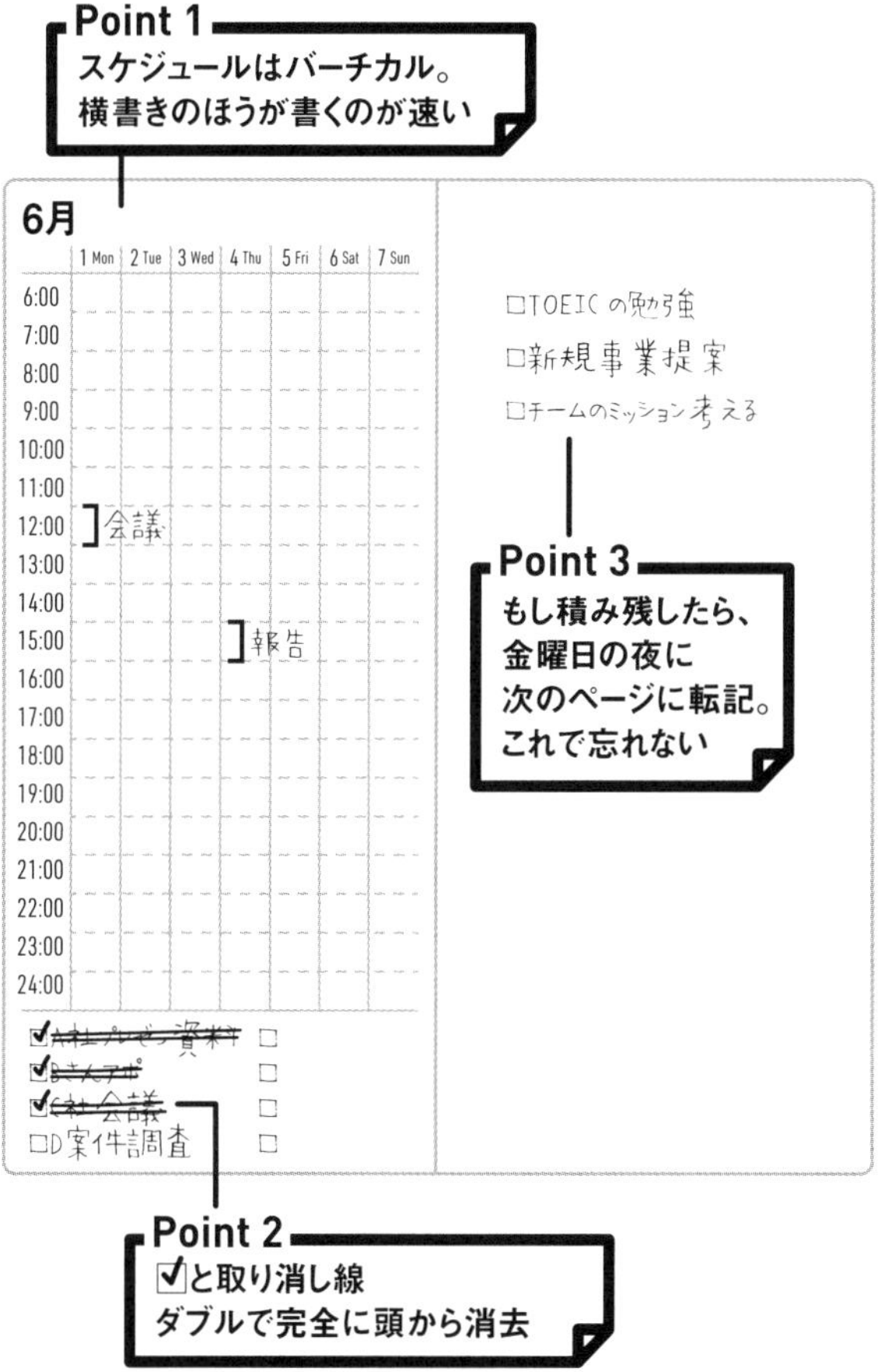
Point 1
スケジュールはバーチカル。
横書きのほうが書くのが速い
6月
1 Mon
2 Tue
3 Wed
4 Thu
5 Fri
6 Sat
7 Sun
6:00
7:00
8:00
9:00
10:00
11:00
12:00
13:00
14:00
15:00
16:00
17:00
18:00
19:00
20:00
21:00
22:00
23:00
24:00
会議
報告
☑A社プレゼン資料
☑Bさんアポ
☑C社会議
□D案件調査
□TOEICの勉強
□新規事業提案
□チームのミッション考える
Point 3
もし積み残したら、
金曜日の夜に
次のページに転記。
これで忘れない
Point 2
☑と取り消し線
ダブルで完全に頭から消去

12

道具と仕組み

行動が速くなるペン、行動が遅くなるペン

細かいレベルの話ですが、私は仕事で使うペンにもこだわりがあります。私がペンに強くこだわるようになったのは、役員のスタッフ職になったことがきっかけでした。

「木部くん、あれどうなった?」「木部くん、あの資料調べておいて」……。

多忙な役員が席に戻ってからまた出て行くまでの、わずか2~3分のコミュニケーションの時間に、初めて聞く単語が混ざった指示が矢継ぎ早に出され、それを一語一句漏らさず聞き取り、一発でメモを取らないとならない状況になりました。後から「すみません、もう一度教えてください」ということは許されません。ペンを持ち替える時間さえも、致命的なロスになったのです。

以来、次のような基準でペンを選ぶようになりました。

▼すぐに書き始められる「3色ボールペン」「4色ボールペン」

まず、3色ボールペンに切り替えました（現在は、見た目の好みから、57ページの写真の4色ボールペンを使用）。いつでも、どの色でもすぐに書き始められるためです。それまでは赤・青・黒の3本のボールペンを使っていましたが、まさにペンを持ち替えるその時間すら削らなければならなくなったのです。

また、後から何かを聞かれてもすぐ答えられるよう、普通のメモは黒、重要なメッセージは青、ハイライトする部分は赤で囲むというルールを決めていました。

▼スムーズに書ける「ゲルインク」

次に行き詰まったのが、立ちながらなど、どんな状況でもメモを取らないとならないということでした。普通のボールペンだと、紙の下にある程度の厚みが必要で、ある程度の筆圧をかけないとうまく書けません。そこでたどり着いたのが、ゲルインクの3色ペンです。普通のボールペンほど筆圧が必要なく、なめらかに速く書くことができます。

私が使っていたのは「STYLE - FIT」というペンです。見た目のクールさもあり、替えのインクをまとめ買いしておき、かなり長い間愛用しました。

▼どこでもストレスなく書ける「万年筆」

この3色ゲルインクペンを経て、今は万年筆をメインに使うようになりました。万年筆はゲルインクに比べてさらに筆圧が必要なく、電車の中で立ったままでも造作なくメモを書くことができるからです。今の私は、電車で立ちながら資料や原稿をチェックしたり、メモを書いたりできることが、ペン選びにおける最優先事項となっています。

人は誰しも面倒くさがりです。すらすら書けないペンを使っていると、いつの間にかそれを使うことに心理的な抵抗が生まれ、仕事を始めるまでのハードルも上がってしまいます。ちょっとしたことですが、ペン選びに対するこだわりでさえも、仕事のスピードを上げてくれるのです。

おすすめの「速いペン」

4色ボールペンのインクを変える

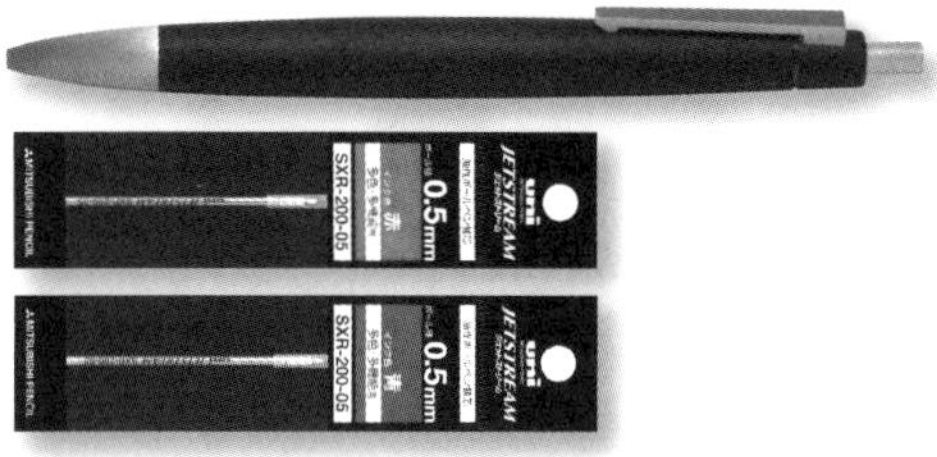

LAMY の4色ペンに、書き味がいい「JETSTREAM※」の替芯を入れてカスタム。「適度な重さで使いやすい&インクの書き味がいい」ダブルで速いペン。

※替芯は JETSTREAM シリーズ専用商品です。適合商品以外への利用は、筆記性能に不具合が生じる原因にもなりますのでご注意ください。

ゲルインクが書きやすい STYLE-FIT

役員スタッフ時代、いつでもどこでも使えるペンを探して見つけた1本。ほぼ筆圧ゼロでもきれいに書けて、見た目がおしゃれ。

万年筆は LAMY

見た目もコスパもいいので、気持ちよく使える。電車の中でもこのペンなら勉強やメモをするのがおっくうにならない。

13

道具と仕組み

スーツを選ぶ時間を0秒にする「仕組み」

私は朝起きるのが苦痛です。ギリギリまで寝ていたいので、毎朝だいたい6時30分に起きて、7時に家を出る、というサイクルを繰り返しています。起きてから家を出るまで30分しかないので、いつもバタバタです。スーツを選ぶのにも時間をかけたくありません。そのため毎朝眠い頭でも、スーツを選ぶ時間をゼロにするシンプルな「仕組み」を作りました。まずスーツを順番に並べてハンガーにかけます。

朝は一番右にかかっているスーツを取って着ます。そして、夜、家に帰ってスーツを脱いだら一番左にかけます。これで、4着のスーツを1週間の中で均等に着ることができ、傷み方も偏りません。Yシャツも同じ仕組みです。Yシャツとスーツの数が違うので、いつも同じ組み合わせになることなく、コーディネートできます。

迷う時間ゼロの仕組み

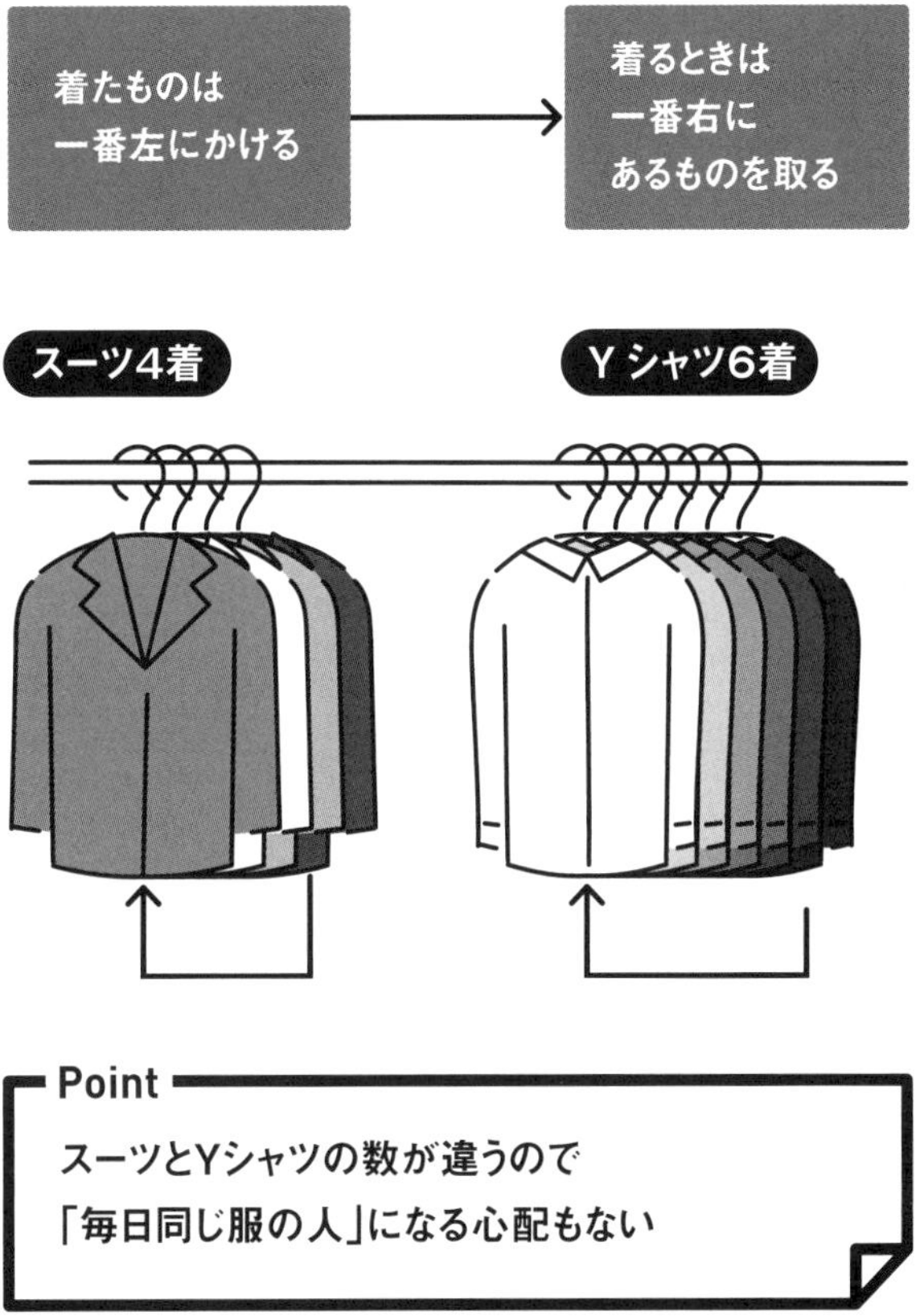
着たものは
一番左にかける
着るときは
一番右に
あるものを取る
スーツ4着
Y シャツ6着

Point

スーツとYシャツの数が違うので
「毎日同じ服の人」になる心配もない

14

メール

メールは絶対に「1回だけ」しか読まない

一度読んだメールをまた開いてもう一度読む。二度読みどころか、何度も読んでしまう。こんな経験はありませんか？

メールを読んでいると「仕事をしている気になる」のですが、その時間は、残念ながら何も生み出していません。メールを読む時間を最小限にすると、ムダな時間が劇的に減ります。

ではなぜ、私たちはメールを2回以上読んでしまうのでしょうか？

原因は2つあります。ひとつは、メールの受信ボックスにメールが溜まりすぎているから。もうひとつは、2回以上読んではいけないと思っていないからです。この原因を取り除けば、ムダな時間をなくすことができます。

▼読んだメールは他のフォルダへ移動する

受信ボックスに読んだメールが残っていると、つい開いてしまうことがあります。タイトルだけでは内容まで覚えていないことが多いので、すでに読んで対応も完了しているメールでも、「あれ、これなんだったっけ?」ともう一度メールを開いてしまうのです。私も以前はよくやっていました。

このムダな行動を防ぐためには、一度読んで、それ以上アクションの必要がないメールは他のフォルダへ移動します。開く頻度が一番高い**「受信ボックス」にメールを残しておかない**ことがポイントです。

▼「メールは一度しか読まない」と決める

メールを斜め読みだけして「あとでもう一度」と思いメールを閉じてしまうと、一度で読み終えるのに比べて余計に時間がかかります。特に、内容が難しかったり、読みにくかったり、長文であったりするメールは要注意。後回しにしてしまいがちだからです。**すべてのメールを「二度読みしない」と決めて、1回で仕留めましょう。**

15

メール

「○○さん、お疲れ様です」の3秒がムダ

メールの書き出しによくついている「○○さん、お疲れ様です」。そのひと言は本当に必要でしょうか?

私は、このひと言を書く3秒はムダだと思い、省略しています。

たかだか3秒と思ってはいけません。メールは1日に何十通、何百通と書くもの。疑問を持たずに習慣化してしまうと、ムダな時間が積み上がっていきます。

「○○さん、」というメールでの呼びかけがなくても、メールの宛先を見れば誰宛なのかはわかります。「お疲れ様です」という形式的なあいさつがなかったとして、腹を立てる人はいるでしょうか? 私は「明日の会議ですが、30分遅らせてもらえますか?」という感じで、1行目から用件を書き始めます。

社内、社外の周りの人にこの話をすると、「うちの会社ではなかなかできないよ」「上司に対しては難しい……」と言われることがあります。そういうときは、「少しずつ」実践するようアドバイスをしています。

最初は、ときどき「○○さん、お疲れ様です」を省略したメールを書いてみて、**徐々に3通に1通とか、頻度を上げて様子を見る。そうして、相手を慣れさせていくのです。**途中で指摘されなければそのまま続け、自分のキャラクターを浸透させていきます。「あの人は即レスだ」「仕事が速いからムダを省いている」と思われるようになればこの書き出しがなくても悪いイメージにはなりません。むしろ、いいイメージにつながるようになるでしょう。

ただし、お客様や取引先、ちょっと距離のある上司などに出すメールでは、ビジネスマナーとして省いてしまうと失礼にあたる場合があります。そういう場合はその3秒はムダな時間ではなく、「必要な時間」です。

TPO（時・場所・場合）に応じて、その3秒がムダかそうでないかを判断しましょう。

16

メール

「優先度の低いメール」は自動振り分けする

自分の担当する業務範囲が広くなったり、チームが大きくなったり、取引先が増えたりすると、次第にメールの受信数が増えてきます。

私はメールを効率的に処理するために、受信メールの自動振り分け設定をしています。このときのポイントは、「優先度の低いメールから振り分ける」ことです。なぜ、優先度の低いメールからなのでしょうか?

優先度の低いメールは1通にかける時間が短くてよく、それらのメールをまとめて流し読みするほうが効率的だからです。事前に振り分けられていないと、受信ボックスにある玉石混交のメールをすべて開かないと優先度が判断できません。

私は、今はメルマガなどを除いた仕事関係のメールだけで1日200~300通くらいを受信しています。これを順番に開いていると、それだけで膨大な時間がかかってしまいます。

私が自動振り分けしている「優先度の低い」メールの例には、遅刻や休暇を連絡する勤怠メール、プロジェクトのシステムメンテナンスの連絡、庶務連絡などがあります。それらを差出人、宛先、メールタイトルなどで自動振り分けしています。

振り分けの例としては、次のようなものがあります。

・タイトルに「勤怠」と入っているメールは、「勤怠」フォルダへ移動
・差出人が、社内の○○さん、のメールは「庶務連絡」フォルダへ移動
・承認申請関係のメールは「承認」フォルダへ移動

これらのメールは、時間を決めてまとめて開いて、3分以内くらいでいっきに読み、その場で返信します。

ただし、振り分けのルールを細かくし過ぎると逆に煩雑になるので注意してください。差出人、タイトルや本文の単語などを細かく設定すると、意図しない振り分けをされてしまい、重要メールを見るのが遅れたり、探すのに時間がかかったりします。

17

メール

宛先入力▼添付▼送信。ルーティンを最速に

メールでよく使う機能は、「宛先を入力する」「ファイルを添付する」「メールを送信する」の3つです。

この3つの作業を徹底的に効率化して、「ちりも積もれば」で時間の短縮をしましょう。メールソフトは、会社によって違うものを使っていると思いますので、ここではできる限り汎用性の高い方法を紹介します。

▼宛先は「自動入力」

宛先を入力するときにアドレス帳を開いて、宛先とする人の名前をダブルクリックして設定するとかなり時間がかかります。最近のメールソフトのほとんどは、宛先入

力ボックスで名前を何文字か入力すると補完機能が働き半自動入力ができます。複数人宛や、CCなど宛先が多くなってくると、これをやるか・やらないかで時間の差が大きくなります。

ファイルの添付は「ドラッグ&ドロップ」

ファイルを添付するときでも、いちいちメニューから添付を選択して、添付するファイルを選んでいると時間がかかってしまいます。ほとんどのメールソフトではファイルをドラッグ&ドロップするだけで簡単に添付できます。ブラウザで使うGmailでもこの方法は使えます。

メール送信は「マウスを使わない」

メールを送信するときはショートカットキーを使って送信しましょう。例えば、Gmailだと、[Ctrl+Enter]でメールが送信されます。私が仕事で使っているメールソフトであれば、[Esc]→[Enter]を押すことでメールが送信されます。マウスで送信ボタンを押す時間を短縮しましょう。

18

メール

「未読マーク」で頼まれたことを忘れない

手帳でToDo管理をする方法は、48ページで紹介しましたが、こうした通常のToDo以外に、「この確認をお願いします」といったこまごました仕事の依頼がメールで来ることがあります。こうした仕事をすべて手帳に書き写すのは面倒ですよね。私もやってはいません。代わりに、メールで来たToDoはメール上で管理できる仕組みを作っています。

▼「要対応」のメールを未読状態に戻す

私はメールで来た仕事の依頼については、「未読マーク」で管理しています。メールが来たときにまずは内容を読みます。そうすると、当然既読のステータスになりますが、何かアクションが必要なメールについては、それをあえて未読ステータスに戻しています。

私の受信ボックスには、本当に読んでいない未読マークのメールと、何か対応をしないといけない要対応の未読マークのメールがあります。

▼「未読マーク」を目立つようにする

私は、タイトルの「赤字・太字」表示を未読マークとしています。デフォルト設定は黒字ですが、赤字に設定変更しています。赤字にすることで、ぱっと見たときに視覚的にわかりやすくなるからです。既読メールの中に**赤字タイトルのメールが残っていることは、残作業があることを目に訴えてきます。**

メールで依頼される仕事はたいてい長期的なものではないので、「早く処理しないと！」という切迫感を利用して、今すぐ行動して終わらせることが重要です。既に大量のメールが溜まっている人は、今週中に一度未読メールをゼロにしてから始めましょう。

19

メール

スクロールバーは出さない

メールの画面でスクロールバーを出してはいけません。これは、私自身がメールを書くときに、かなり強く意識していることです。

なぜなら私自身が、**受信したメールを開いた瞬間にスクロールバーが出てくると読む気がなくなってしまう**からです。相手にも、「このメールを読むのは時間がかかりそうだなあ」と思わせてしまいます。メールはぱっと見て、全体がつかめる分量にすべきです。

自分が伝えたいことを長々と、小説のようなメールで書く人がいます。メールは読み手に伝わらない限り、意味をなしません。

書いていて、スクロールバーが出てきてしまったときは、**情報や表現が冗長になっ**

ていないか、いくつかのメッセージが混ざっていないか、などを見直しましょう。それでもまだ長いときは、複数のメールに分割することも考えましょう。具体的に、次の2つのポイントを意識すると、スクロールバーなしの長さに収まります。

用件から書く

ミーティングの連絡か、資料作成を依頼しているのか、まずは、メールの用件を最初に書きましょう。よく過去の経緯から始まる長文で書かれたメールの最後に用件が書かれていることがありますが、おそらく半数以上の人から用件は「スルー」されるでしょう。用件を最初に書くことを意識すると、自然と長いメールにはなりません。

ひとつのメールでひとつのメッセージ

メールは、1通で1メッセージが基本です。いくつもの用件をひとつのメールに入れてはいけません。会議の案内なのか、仕事の依頼なのか、報告なのか、これらを混ぜないようにしましょう。

伝わるメールの基本は、短く伝え、短く返す。意識してみてください。

20

資料作成

資料作成は「手書き」が8割

資料作成は、**80%を構想に使い、20%を作成に使う**。そうすると、最小限の時間でアウトプットができます。構想は必ずノートや紙の上で、手書きで行います。

構想段階では、資料に入れ込むエッセンスを洗い出し、それらをどのようにストーリーとして展開するかを考えます。また、収集したデータをどのような表やグラフにして表現するかを考えます。この構想段階では、配置などを手書きで何度もやり直します。この段階からいきなりパソコンを使ってしまう人がいますが、絶対にNGです。**構想段階ではやり直しが多いので、いきなりパソコンを使うと資料の作成と修正に時間がかかってしまいます**。

具体的には、私は資料を作成するステップを3つに分けています。

【ステップ①】エッセンスを書き出す（手書き）
【ステップ②】紙で構想・構造化する（手書き）
【ステップ③】資料を作る（パソコン）

プレゼン資料や提案書をパワーポイントで20ページ作るとしたら、20枚のコピー用紙に手書きで先にメッセージのタイトルを書き、ストーリー展開を考えます。次にチャート1枚1枚に入れるメッセージ、1枚のチャートの中の図・表・コメントの配置などを詳細に書きます。ここでのポイントは、必ず「原寸」で作成することです。使用するのはA4のコピー用紙で十分です。

そして構想が固まったら、その紙を見ながらパワーポイントで資料を作成していきます。ここまでくると、後は考えることはないので完全な「単純作業」となります。最後に細かい文章の表現や図の調整はしますが、頭を使う必要はほぼゼロです。

また、上司などに資料のレビューをしてもらうときも、できるだけ紙の段階でレビューをしてもらうとよいでしょう。パソコンで完璧に作成した資料でレビューを受けると、そもそものストーリー展開や資料構成に修正が入った場合に、ゼロからやり直さなければなりません。さらに余計に時間がかかってしまいます。

21

資料作成

いい資料を見つけたらパソコンの「蔵」に保存する

テストであればカンニングはNGですが、ビジネススキルを学ぶ上では、人のものを「見て真似る」ことはまったく問題ありません。むしろ推奨すべきことです。人の資料でいいものを見たら、その瞬間にパクりましょう。私が見てきた若手メンバーでも、**自己流を通すメンバーは成長が遅く、貪欲に盗むメンバーは成長が速かった**です。

パクると言うと言葉のイメージが悪いですが、資料の構成や図、表、グラフなどは、その「構造」をひたすら真似しているうちに、すぐに一定レベルに達するようになります。その後に、自分なりのカスタマイズをしていけばいいのです。

ただ、「いい資料だなあ」と感動したとしても見ただけではすぐに忘れてしまい、後から再現するのが難しくなります。だから私はいい資料を見つけたそのときに、パソコンに保管しておくようにしています。いつ使うかわからなくても、フォルダを作ってその中にぽんぽん放り込んでおきましょう。自分なりの「蔵」を作っておくようなイメージです。

新しいパターンの資料を作ろうとして、どのような構成にするのかを考えるようなときは、その蔵をひっくり返して使えそうなものを探します。私の場合、「提案書」は年に数回くらいしか作らないため、慣れている仕事とは言えません。そういうときは蔵からいくつかの「いい提案書」を引っ張り出してきます。ストーリー展開、図表の使い方、数字のまとめ方だけでなく、言い回しや細かい表現までも参考にします。

何でもゼロから自分で考えると時間がかかりますし、自分のアイデアだけでいい資料が作れるとも限りません。人の資料をうまく「パクる」ことで、いい資料を短時間で作成でき、自分が作成できる資料のバリエーションも増えていきます。

また、いくら真似するといっても自分なりのアレンジをするためには、資料の「構造」を分析して、それを応用する必要が出てきます。こうした**「真似」→「分析」→「応用」の作業を何度も繰り返すうちに、資料作成が速くなる**のです。自然にスキルアップができ、最初は「真似」だったものが、いずれ実力に変わります。

資料作成

22 資料の「お決まりパターン」を持っておく

人の資料をパクるだけでなく、自分の得意な資料のフレームワークも持っておきましょう。「自分のお決まりのパターン」があれば、そのパターンを使った資料作成は格段に速くできます。

例えば議事録であれば、その構成と書くべき項目を決めて、資料全体を「定型」で作成しておきます。また、どんな資料でも使える「部品」を作っておくと便利です。私は左の下図のような、「課題を整理する」部品をよく使っています。横に論理展開する枠組みと、縦に論理展開する枠組みです。この枠だけを部品として流用して、中身の文章を変えて使いまわしています。あいつはこのパターンが多いよね、と思われてもかまいません。それくらい使い込んだ自分のパターンを持つようにしましょう。

「お決まりパターン」の例

定型の書式

↓

埋めるだけでOK

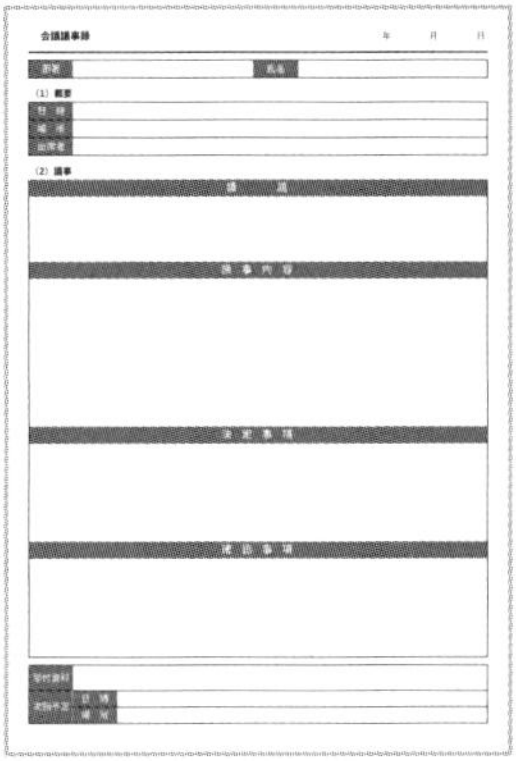

部品

↓

そのままパワポに使える

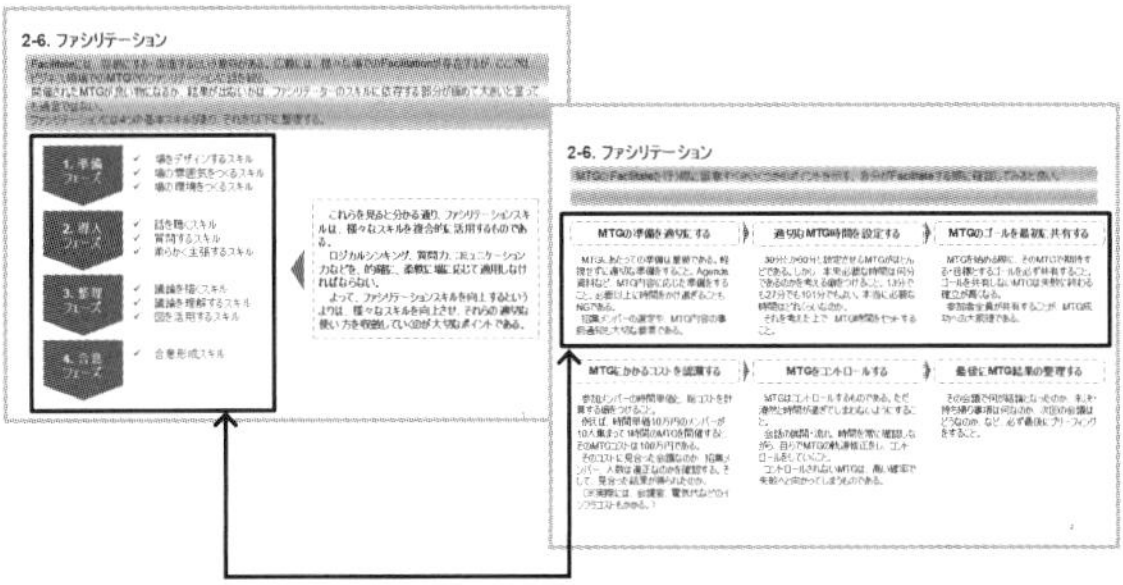

「課題整理」の部品

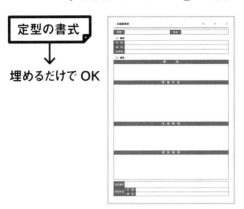

23 資料作成

ツールバーは必ずカスタマイズする

パソコンで、マウスを使う場合に一番時間がかかるのは、カーソルの移動です。移動時間が長くかかるのは、移動距離が長いからです。

この時間を最短にするには、どのソフトにもある「ツールバー」の配置をマウスの移動距離を考えて決めることが重要です。例えば、エクセルであれば、多くの場合は、画面の左上での作業が多くなると思います。だから、その近くによく使う機能のボタンを配置します。一方、この原稿を書いているワードは縦書きなので、画面の右側にカーソルがある場合が多いです。すなわち、よく使う機能のボタンは右上に配置しています。カスタマイズは一度設定したら終わりではありません。まとまった量や期間の仕事をする場合は、そのときどきでベストの配置を見直しましょう。

「ツールバー」カスタマイズの例

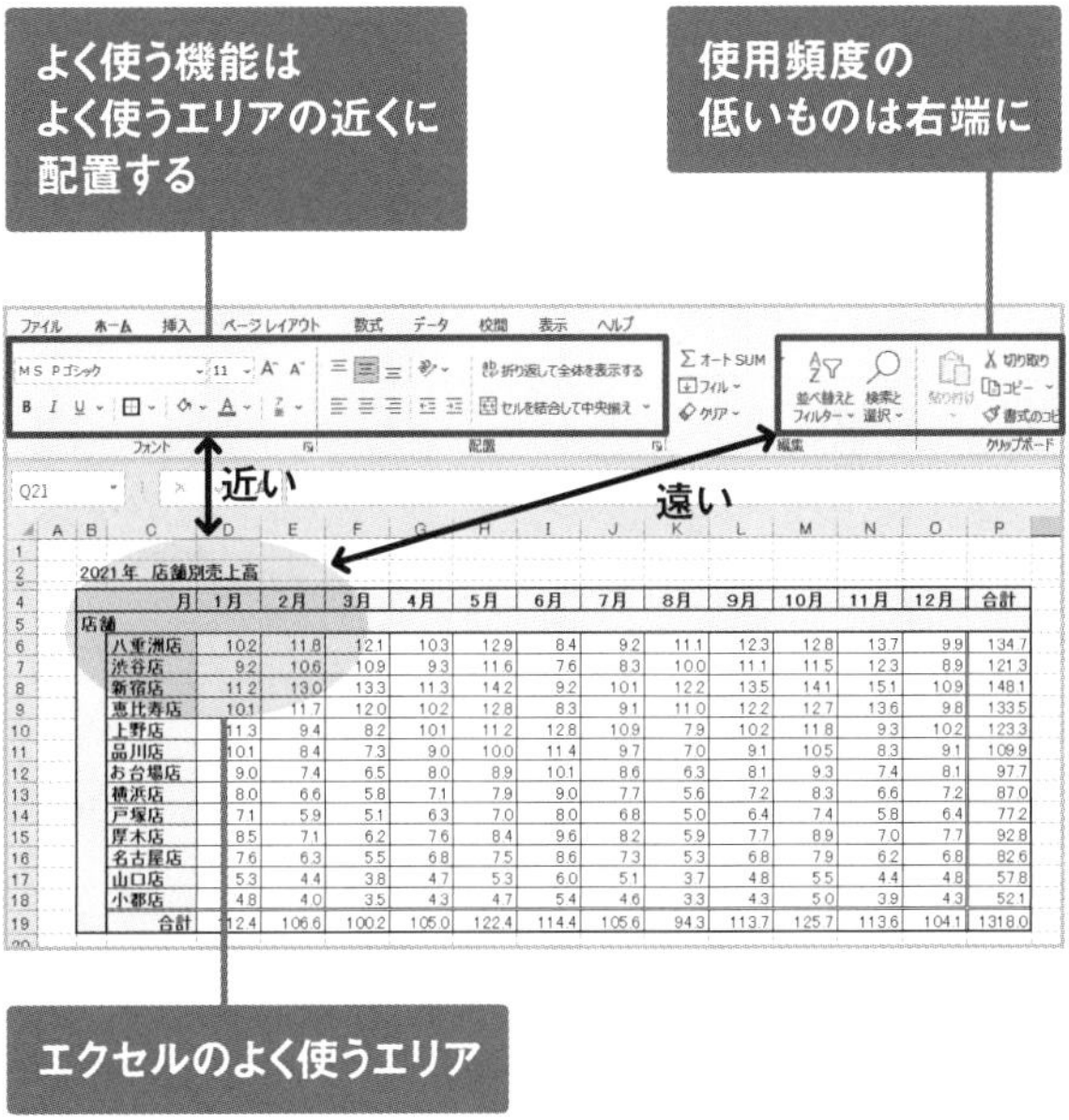

2021年 店舗別売上高

店舗 月	1月	2月	3月	4月	5月	6月	7月	8月	9月	10月	11月	12月	合計
八重洲店	10.2	11.8	12.1	10.3	12.9	8.4	9.2	11.1	12.3	12.8	13.7	9.9	134.7
渋谷店	9.2	10.6	10.9	9.3	11.6	7.6	8.3	10.0	11.1	11.5	12.3	8.9	121.3
新宿店	11.2	13.0	13.3	11.3	14.2	9.2	10.1	12.2	13.5	14.1	15.1	10.9	148.1
恵比寿店	10.1	11.7	12.0	10.2	12.8	8.3	9.1	11.0	12.2	12.7	13.6	9.8	133.5
上野店	11.3	9.4	8.2	10.1	11.2	12.8	10.9	7.9	10.2	11.8	9.3	10.2	123.3
品川店	10.1	8.4	7.3	9.0	10.0	11.4	9.7	7.0	9.1	10.5	8.3	9.1	109.9
お台場店	9.0	7.4	6.5	8.0	8.9	10.1	8.6	6.3	8.1	9.3	7.4	8.1	97.7
横浜店	8.0	6.6	5.8	7.1	7.9	9.0	7.7	5.6	7.2	8.3	6.6	7.2	87.0
戸塚店	7.1	5.9	5.1	6.3	7.0	8.0	6.8	5.0	6.4	7.4	5.8	6.4	77.2
厚木店	8.5	7.1	6.2	7.6	8.4	9.6	8.2	5.9	7.7	8.9	7.0	7.7	92.8
名古屋店	7.6	6.3	5.5	6.8	7.5	8.6	7.3	5.3	6.8	7.9	6.2	6.8	82.6
山口店	5.3	4.4	3.8	4.7	5.3	6.0	5.1	3.7	4.8	5.5	4.4	4.8	57.8
小郡店	4.8	4.0	3.5	4.3	4.7	5.4	4.6	3.3	4.3	5.0	3.9	4.3	52.1
合計	112.4	106.6	100.2	105.0	122.4	114.4	105.6	94.3	113.7	125.7	113.6	104.1	1318.0

Point

「よく使うエリア」の近くに、
よく使う機能のボタンを配置する

24 優秀な人の作成資料をチラ見する

いい資料がたくさん集まる場所、それはずばり、プリンタです。

私は新人の頃、パワーポイント資料の勉強がてら、プリンタから出てくる書類をしょっちゅう覗き見して、いいものがあると頭に叩き込んでいました。最近はセキュリティの関係で難しいかもしれませんが、皆さんもそれくらい貪欲でもいいと思います。

私の知り合いは、リサイクルボックスに捨てられている資料の束を、ふだんからさりげなく見ては、社内やプロジェクトの情報を仕入れていたと言います。

あなたの会社にも、誰からも一目置かれるような優秀な社員がいるでしょう。その人はどんな資料を作成しているでしょうか。直接「資料を見せてください」と頼むのは気が引けても、アンテナを張っておけば、チラ見のチャンスは巡ってくるはずです。

プリンタは「宝の山」

Point

社内のあらゆる資料が集まるのがプリンタ。
資料作成の参考に「チラ見」する

25

ショートカット

マウスを使わない

キーボードから手を離してマウスを操作する。そして、またキーボードに手を戻す。

この繰り返しが、仕事の遅い人と速い人の差を生み出します。

例えば、ファイルを保存するといった操作をマウスでクリックして行う場合と［Ctrl＋S］のショートカットで行う場合。これだけで3秒の差がつきます。

さすがに、ファイル保存のショートカットを知らない人はいないでしょう。でも、そのレベルでは足りません。仕事の速い人はあらゆる作業を「ショートカット」で完了させているのです。「そこまでショートカットでやるの？」とびっくりするぐらいショートカットを使う人もいます。

この話をすると「な～んだ、仕事を速くするスゴ技って、たかがショートカットかよ。ちょっと速くなるだけじゃん」とバカにする人が結構います。これは本当にもったいないことです。1回ごとの操作の差はたかだか3秒かもしれませんが、この繰り返しで1時間、2時間……1日、1週間の差があっという間についてしまいます。

優秀な人は、この3秒の積み重ねをとても大切にしているのです。

パソコンは、基本的にはマウスを使わず、キーボードだけでも操作できるように設計されています。まずは、1日1時間でもいいです。試しにマウスをパソコンから外してみてください。

私のチームに若いメンバーが来たら最初に指示することは、「マウス禁止」です。もちろんこれまでの仕事人生でマウスを使い慣れてきているので、最初は思うように操作できずに苦労します。かえって時間がかかることもあります。しかし、一度キーボードだけでパソコンを操作する感覚をつかむと、そのスピードの差は格段に広がっていきます。

最初は間違いなく苦労します。ですが、その苦労は先行投資です。ショートカットをどん欲に覚えて使っていってください。

ショートカット

26 絶対に覚えるべき6つのショートカット

いくらマウスを使わないと言っても、パソコンの分厚いマニュアルを読んで、すべてのショートカットを覚えるのは時間のムダです。

ここでは、ショートカットマニアの私が、使用頻度順に、覚えるべきものを厳選してみました。

▼デスクトップを表示するときは〔Win＋D〕

〔Win＋D〕でデスクトップが表示されます。1日に何回も行う操作だからこそ、これを使うとかなりの時間短縮になります。

〔Win〕キー

▼離席するときは[Win＋L]でパソコンをロックする

最近はオフィスのセキュリティが、かなり厳しくなっています。自分の席を離れるときは、使っているパソコンをロックしないといけないオフィスも多いでしょう。ちょっとトイレに席を立つとか、短い打ち合わせで席を外すようなときもロックしなければいけません。そのようなときに、[Win＋L]を押すと一瞬でロックがかかります。

▼アプリケーション・ソフトの切り替えと終了をキーボードで行う

エクセルやワード、インターネットのブラウザなど、複数のソフトを同時に使っているとき、それらのソフトを切り替えるときは［Alt＋Tab／Win＋Tab］で切り替えましょう。なお、［Alt］と［Win］の違いは見た目だけで、機能は同じです。

ソフトを終了するときは、［Alt＋F4］で終了します。ソフト内のひとつのタブのみ終了したいときは、［Ctrl＋F4］を押します。

▼キャンセルは何でも［Esc］キーで

［Esc］キーは、キャンセルする機能をもっています。例えば、何かの操作をしているときに、確認用のポップアップが出てきます。「OK」「キャンセル」の2つのボタンが表示されているときに［Esc］キーを押すとキャンセルされます。

確認用のポップアップはよく出てきますので、マウスで「キャンセル」ボタンを押すのではなく、［Esc］キーを押すことで時間短縮になります。

▼ブラウザの前ページ／次ページの移動はキーボードで

ブラウザを使っていると、ページを戻ったり、進めたりすることが頻繁にあります。そのときに「前のページ」「次のページ」に移動する矢印ボタンをマウスでクリックしていると思いますが、これもショートカットで移動できます。

［Alt＋十字］キーで前後ページを表示させることができます。パソコンのフォルダ移動にも使えます。

［Home］、［End］キーでブラウザ表示のページの先頭と最後へ移動

一画面が長いとき、スクロールバーで移動するのはちょっと面倒くさいですよね。ブラウザで表示している画面で［Home］、［End］キーを押すと、その画面の先頭・最後へと移動します。

また、［Alt＋Home］を押すとブラウザで設定しているホームページに移動します。ブラウザのホームページに設定しているページは、よく使う検索ページや会社のイントラネットなどが設定されていて、使う頻度が高いと思います。このショートカットを覚えておくと、使う度に時間短縮を実感できるでしょう。

27

ショートカット

カーソル移動を「超速モード」にする

パソコンを使う上で、最も頻繁に行う操作はカーソルの移動です。ワードやパワーポイントなどでの資料作成で、行の最後の文字から最初の文字へカーソルを移動したり、次のページに移動したりすることが高い頻度で発生します。

数文字分のカーソル移動であれば、十字キーで対応できますが、移動距離が長くなるほどマウスを使うことが多くなります。ここで、時間のムダが発生してしまいます。

このカーソル移動を速くする4つのキーがあります。この4つを覚えるとキーボード操作だけでカーソル移動が速くできるようになり、マウス操作が格段に減ります。

その4つとは、［Home］［End］［PgUp《ページアップ》］［PgDn《ページダウン》］です。ソフトウェアによって若干異なる場合もありますが、ここでは、一般的な動きについて紹介します。

［Home］［End］キーで行を瞬間移動する

［Home］キーは、行の最初に移動したり、ページの最初に移動したりします。［End］キーはその逆で、行の最後やページの最後へ移動します。

例えばワードで資料を作成しているとき、行の後ろのほうにカーソルがある場合に［Home］キーを押します。そうするとその行の先頭に一瞬で移動します。

ソフトウェアによって動きは少し違うことがありますが、基本的には［Home］［End］で何らかの単位の最初／最後に移動することができます。

［PgUp］［PgDn］キーでページを瞬間移動する

［PgUp］、［PgDn］は次のページや前のページへ、ページ単位で移動します。十字キーでは一文字・一行単位での移動ですが、このキーを押すとページ単位で移動することができます。

ワード、エクセル、ブラウザなどで、数ページ分を移動したいときはこのキーを押しましょう。

▼［Shift］［Ctrl］キーとの組み合わせでさらに高速化

さらにこの4つのキーと［Shift］キーを組み合わせれば、文字選択が一気にでき、ドキュメントを作成する効率が一気に上がります。［Shift］キーを押しながら、［Home］キーを押してみてください。カーソルがある位置から先頭文字までがいっきに選択されます。

［Ctrl］キーとの組み合わせでもいろいろな動きをします。例えば、ワードであれば、そのファイルの一番先頭に。エクセルであれば、そのシートのA1セルまで移動します。さらに［Shift］キーを組み合わせればいっきに選択することもできます。

［Ctrl+PgUp／PgDn］を押すとエクセルのタブを移動します。

カーソル移動を「超速」にする

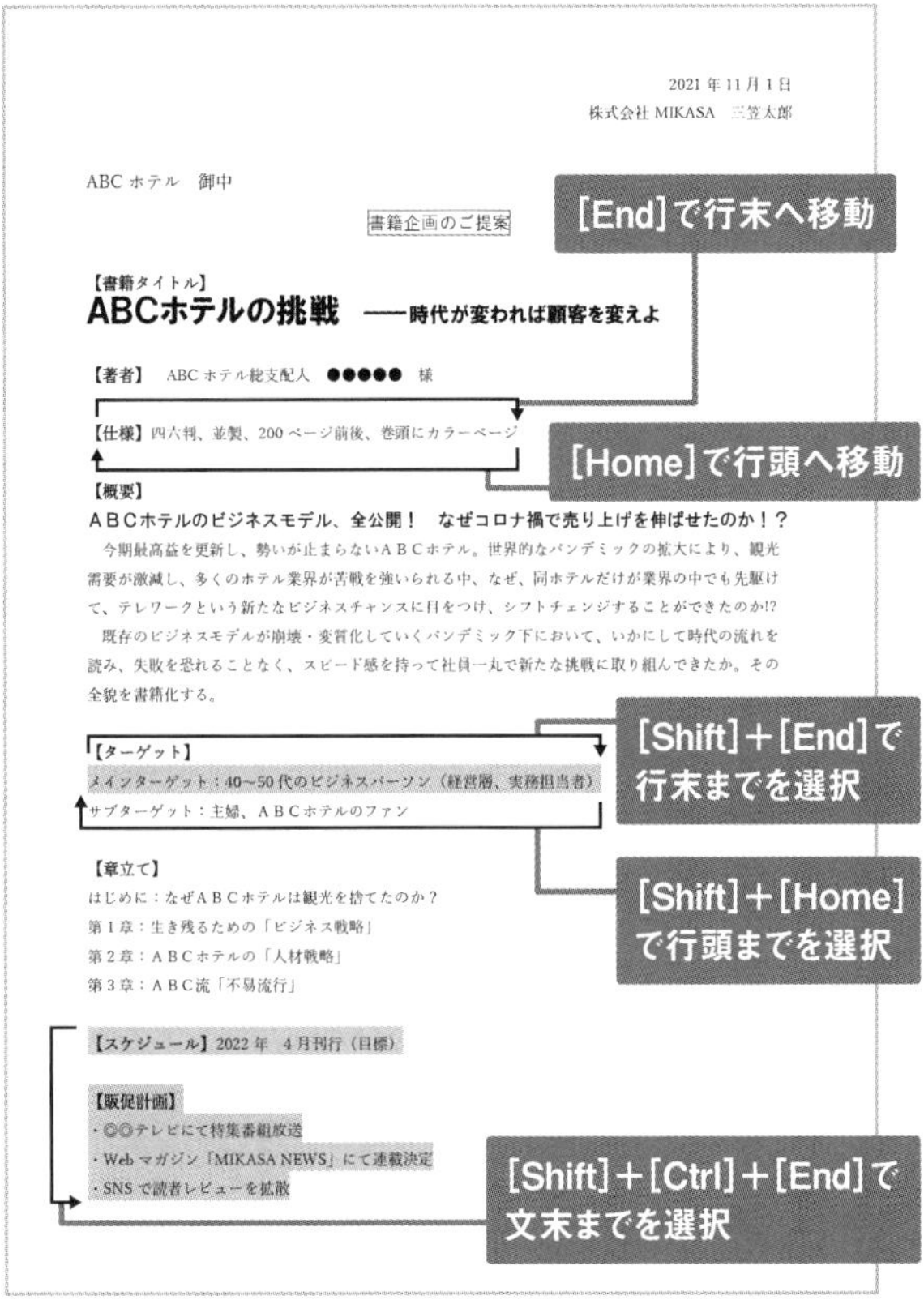
2021年11月1日
株式会社 MIKASA　三笠太郎

ABC ホテル　御中

書籍企画のご提案

【書籍タイトル】
ABCホテルの挑戦　――時代が変われば顧客を変えよ

【著者】　ABC ホテル総支配人　●●●●●　様

【仕様】四六判、並製、200 ページ前後、巻頭にカラーページ

【概要】

ＡＢＣホテルのビジネスモデル、全公開！　なぜコロナ禍で売り上げを伸ばせたのか！？

　今期最高益を更新し、勢いが止まらないＡＢＣホテル。世界的なパンデミックの拡大により、観光需要が激減し、多くのホテル業界が苦戦を強いられる中、なぜ、同ホテルだけが業界の中でも先駆けて、テレワークという新たなビジネスチャンスに目をつけ、シフトチェンジすることができたのか!?

　既存のビジネスモデルが崩壊・変質化していくパンデミック下において、いかにして時代の流れを読み、失敗を恐れることなく、スピード感を持って社員一丸で新たな挑戦に取り組んできたか。その全貌を書籍化する。

【ターゲット】
メインターゲット：40～50代のビジネスパーソン（経営層、実務担当者）
サブターゲット：主婦、ＡＢＣホテルのファン

【章立て】
はじめに：なぜＡＢＣホテルは観光を捨てたのか？
第1章：生き残るための「ビジネス戦略」
第2章：ＡＢＣホテルの「人材戦略」
第3章：ＡＢＣ流「不易流行」

【スケジュール】2022年　4月刊行（目標）

【販促計画】
・◎◎テレビにて特集番組放送
・Web マガジン「MIKASA NEWS」にて連載決定
・SNS で読者レビューを拡散

28

ショートカット

[Alt]ボタンは「神ボタン」

あらゆる操作をショートカットで行いたいところですが、すべての機能にショートカットが割り当てられているわけではありません。

でも、ここで「結局マウスを使うんだ……」と諦める必要はありません。[Alt]という救世主がいます。

[Alt]キーを使うとほとんどの操作をキーボードでできるようになります。

[Alt]キーを押すと、ソフトウェアのプルダウンメニューがアクティブになります。そしてそのメニューをよく見てみると、ほとんどのメニューにアルファベットが振られているのに気づきます。その表示されているアルファベットをキーボードで押すだけで、操作ができます。

マウスを使わずに「フィルター」をかける場合

1

フィルターをかけたい場所を選択し、［Alt］を押す。

2

メニューにボタンが表示される。今回はフィルターをかけるので「データ」の［A］をキーボードで押す。

3

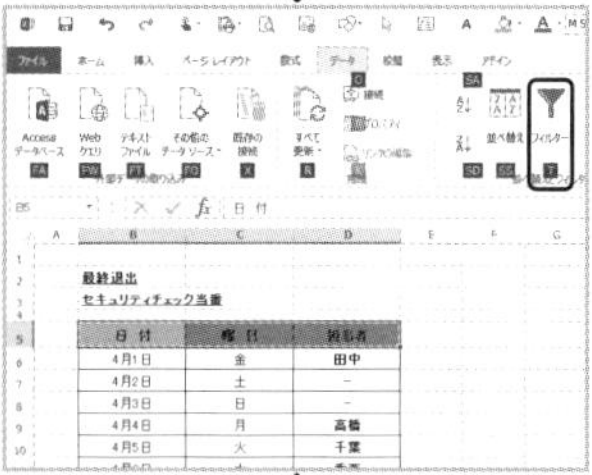

「フィルター」の［T］をキーボードで押す。

4

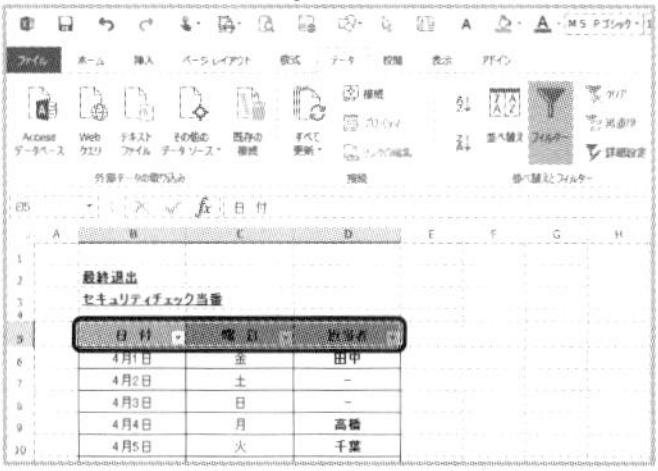

マウスを使わず フィルターが完成!

29

Excel

外資系でも8割が知らない「秘密」のエクセル技

エクセルは、ビジネスシーンで一番使われているソフトウェアではないでしょうか。その証拠に、エクセルのテクニックだけで1冊の本が書かれるほどで、雑誌も含め多数出版されています。そのエクセルで効率化を極めることは、作業時間の削減につながり、かつライバルに差をつけるための重要な決め手にもなります。私も、「スピードアップ」のために一番こだわりのあるソフトウェアはエクセルです。

エクセルのショートカットはたくさんありますが、すべてを覚える必要はありません。

ここでは、特に押さえておきたい5つのショートカットを厳選して紹介します。使用頻度の高い機能であるにもかかわらず、メンバーや同じ業界の人たちに聞いたときに、意外と知っている人が少なかったものを選びました。
「知らなかった」という人は、今日からエクセルの作業が格段に速くなるでしょう。

セルの書式設定は［Ctrl＋1］で出す

「セルの書式設定」は、かなり頻繁に使われるメニューです。マウスの右クリックでメニューから書式設定をクリックしている人が多いですが、［Ctrl＋1］を押してみてください。一発でセルの書式設定のポップアップ画面が表示されます。

［F4］で同じ動作を繰り返す

同じ操作を繰り返すのが［F4］です。例えば、あるセルの色を黄色にした後に、他のセルで［F4］を押すとそのセルが黄色くなります。他のコマンドを使うまで何回でも繰り返すことが可能です。

［Ctrl＋十字］キーでデータの切れ目まで飛ばす

例えば、100個入力されているデータの一番最後のセルに移動するときに［Ctrl

＋十字］キーを使います。［Shift］キーを合わせて押すと、その移動範囲をいっきに選択します。

［F2］でセルを編集モードに

マウスでダブルクリックすると、セルが編集モードになりますが、［F2］を押すことでも編集モードになります。

また、数式が入力されているセルで［F2］を押すと、その数式が参照しているセルを色枠で表示するので、設定した数式が正しいかどうかを確認するときに便利です。

［F9］を押せば再計算してくれる

エクセル全体の計算式を再計算します。数式を使っていても、再計算がされずに古い計算結果のままで保存してしまい、間違ったままファイルが出まわってしまうことがしばしばあります。コスト計算などをしていたら致命的です。エクセルで数式を使っている場合は、ときどき［F9］を押して、さらにファイルを保存する前に［F9］を押して再計算をするクセをつけておきましょう。

秘密のショートカット

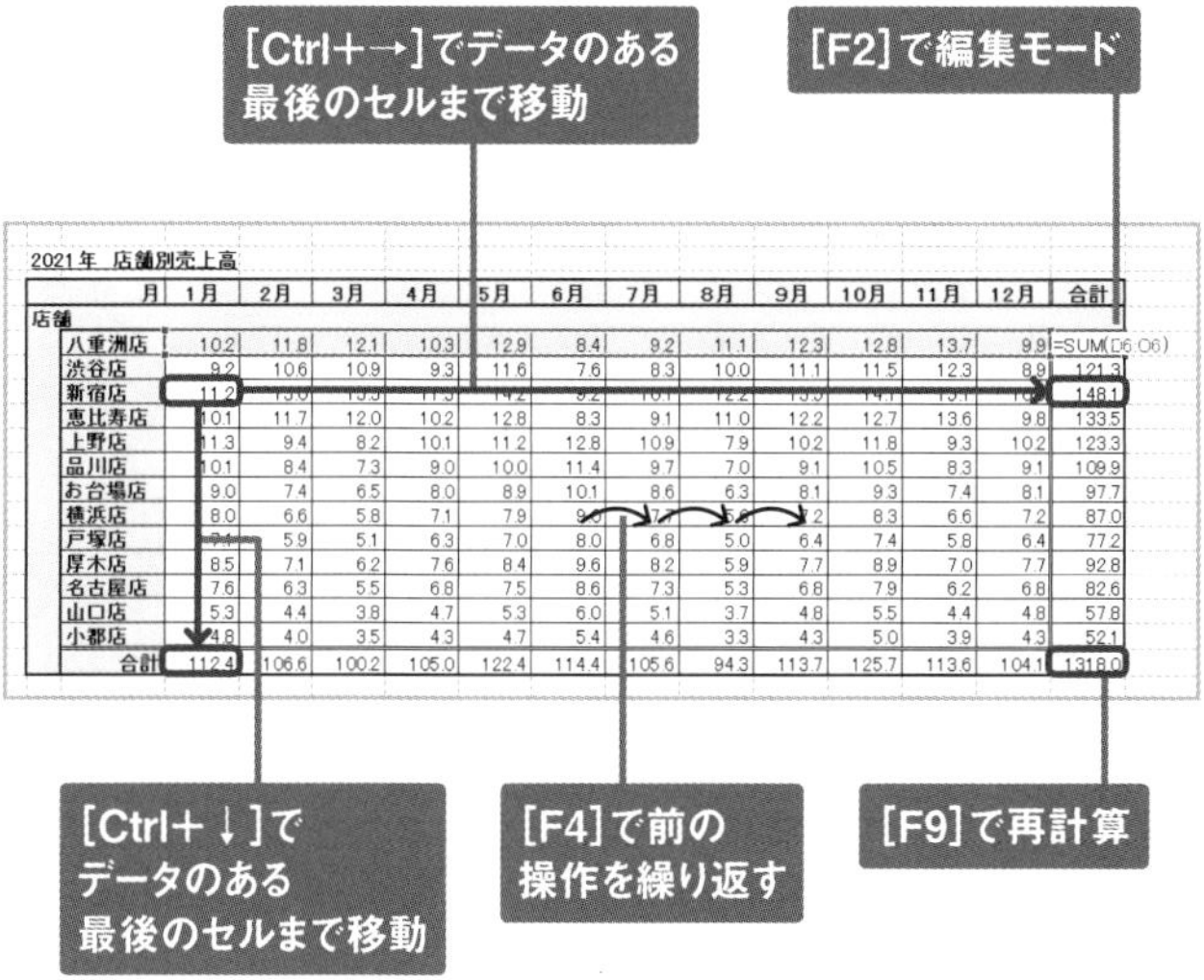

2021年 店舗別売上高

月	1月	2月	3月	4月	5月	6月	7月	8月	9月	10月	11月	12月	合計
店舗													
八重洲店	10.2	11.8	12.1	10.3	12.9	8.4	9.2	11.1	12.3	12.8	13.7	9.9	=SUM(D6:O6)
渋谷店	9.2	10.6	10.9	9.3	11.6	7.6	8.3	10.0	11.1	11.5	12.3	8.9	121.3
新宿店	11.2	[illegible]	[illegible]	[illegible]	[illegible]	[illegible]	[illegible]	[illegible]	[illegible]	[illegible]	[illegible]	[illegible]	148.1
恵比寿店	10.1	11.7	12.0	10.2	12.8	8.3	9.1	11.0	12.2	12.7	13.6	9.8	133.5
上野店	11.3	9.4	8.2	10.1	11.2	12.8	10.9	7.9	10.2	11.8	9.3	10.2	123.3
品川店	10.1	8.4	7.3	9.0	10.0	11.4	9.7	7.0	9.1	10.5	8.3	9.1	109.9
お台場店	9.0	7.4	6.5	8.0	8.9	10.1	8.6	6.3	8.1	9.3	7.4	8.1	97.7
横浜店	8.0	6.6	5.8	7.1	7.9	[illegible]	[illegible]	[illegible]	7.2	8.3	6.6	7.2	87.0
戸塚店	[illegible]	5.9	5.1	6.3	7.0	8.0	6.8	5.0	6.4	7.4	5.8	6.4	77.2
厚木店	8.5	7.1	6.2	7.6	8.4	9.6	8.2	5.9	7.7	8.9	7.0	7.7	92.8
名古屋店	7.6	6.3	5.5	6.8	7.5	8.6	7.3	5.3	6.8	7.9	6.2	6.8	82.6
山口店	5.3	4.4	3.8	4.7	5.3	6.0	5.1	3.7	4.8	5.5	4.4	4.8	57.8
小都店	4.8	4.0	3.5	4.3	4.7	5.4	4.6	3.3	4.3	5.0	3.9	4.3	52.1
合計	112.4	106.6	100.2	105.0	122.4	114.4	105.6	94.3	113.7	125.7	113.6	104.1	1318.0

Point

上記のショートカットだけで
エクセルでの仕事が激的に効率化される!

30

Excel

1000行を一瞬でコピペする方法

前項でエクセルのショートカット機能をいくつか紹介しましたが、マウスを使ったほうが速い場合もあります。ここではマウスを使った便利なテクニックを紹介します。

▼「ダブルクリック」で1000行を一瞬でコピペ

1000行を一瞬でコピペ（コピー&ペースト）するテクニックです。1000個のデータが縦に並んでいるとして、その先頭のデータの右隣のセルに値か式を入力します。そしてそのセルの右下にカーソルを合わせ、「+」表示になったらダブルクリックします。すると1000行分が一瞬でコピペされます。もちろん1万行でも何行でもできます。

1000行を一瞬でコピペ

1 A+Bの式を入力

A	B	A+B
1	2	3
2	3	
3	4	
4	5	
5	6	
6	7	
7	8	
…	…	…
994	995	
995	996	
996	997	
997	998	
998	999	
999	1000	
1000	1001	

A	B	A+B
1	2	3
2	3	5
3	4	7
4	5	9
5	6	11
6	7	13
7	8	15
…	…	…
994	995	1989
995	996	1991
996	997	1993
997	998	1995
998	999	1997
999	1000	1999
1000	1001	2001

2 セルの右下にカーソルを合わせてダブルクリック

3 1000行分を一瞬でコピペ

Point

大量のデータを入力するときは、この方法が便利。
下までスクロールしてコピペすると、時間がかかる!

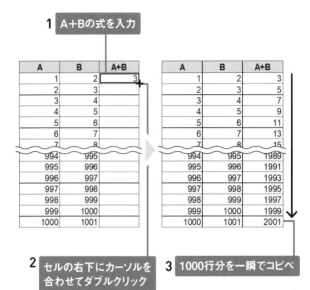

▼［Ctrl］＋マウスホイールで倍率変更

画面表示の拡大・縮小を行います。メニューから表示％を入力せずに、［Ctrl］を押しながらマウスホイールをくりくり回すだけで表示倍率が簡単に変わります。

▼［Shift］＋マウスでデータの入れ替え

エクセルを使っていると、行や列、セルの場所を入れ替えたくなるときがでてきます。そんなときに便利な機能が、［Shift］＋マウスのデータの入れ替えです。

まず、入れ替えを行いたいセルを選びます。［Shift］キーを押しながらそのセルの枠線の上にマウスを持ってきます。するとカーソルの形が、矢印が外側を向いた十字キーのような形状に変わります。そのままマウスでセルを入れ替えたいところへ、ドラッグ＆ドロップするとセルが入れ替わります。複数のセルや、行や列単位でも入れ替えできます。

[Shift]＋マウスで一瞬でデータ入れ替え

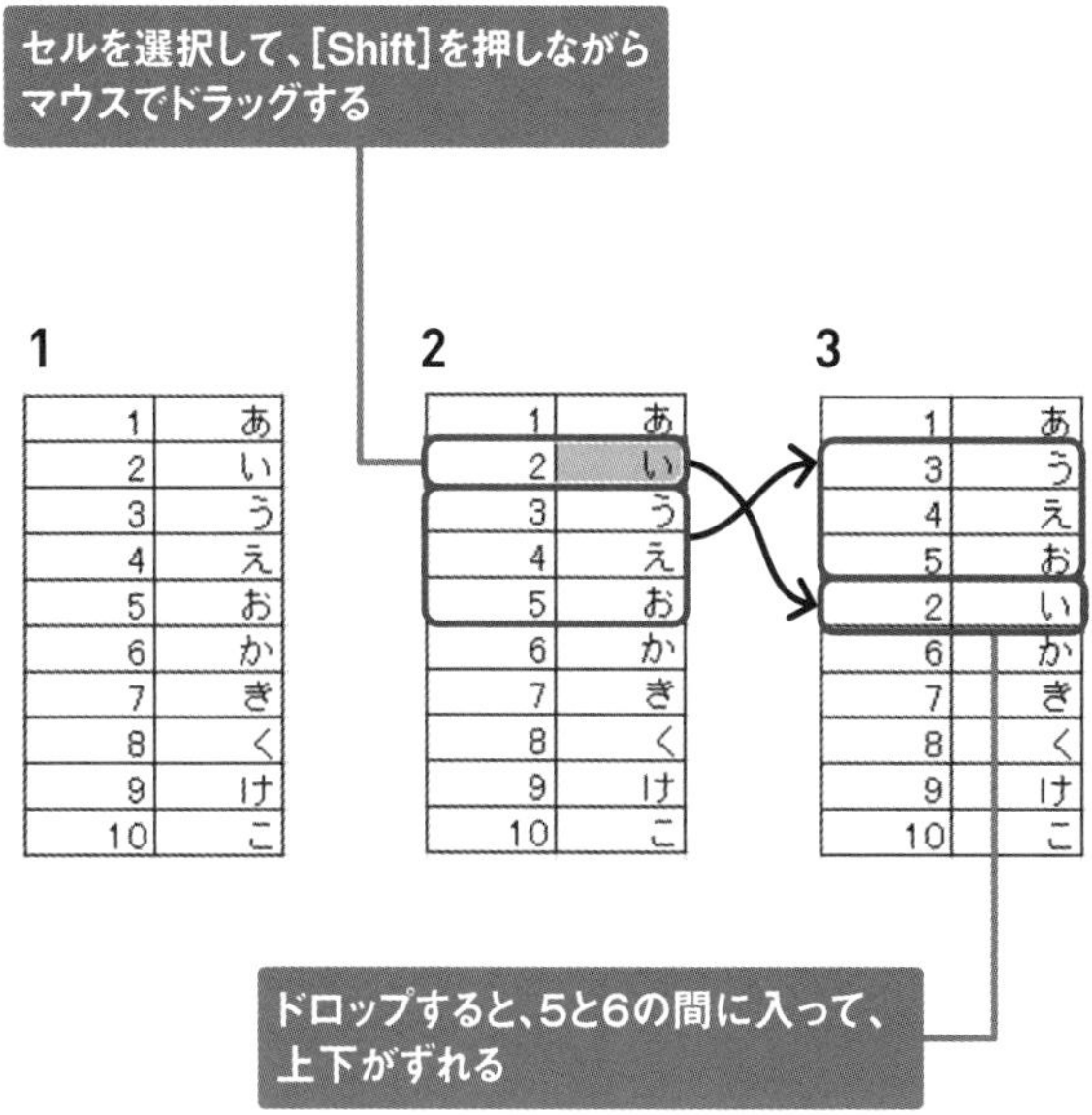

Point

データの入れ替えを、
いちいちコピペするのは時間のムダ！

31

Excel

「関数は面倒！」という人に使ってほしい4つのスゴ技

エクセルの関数を使いなれていない人は、まずは次の4つの関数から使いはじめてください。効率的に仕事をするために確実に役立ちます。

▼［counta／countif］でデータの数をカウント

［counta］は値が入っているセルの数をカウントする関数です。データの入力漏れがないかを確認したり、大量データの個数をカウントしたりするときに使います。

［countif］は条件式でカウントします。1000個のデータの中に「山」「川」といった文字のデータが何個あるかをカウントできます。慣れてきたら［countifs］という複数の条件を指定できるものを使ってみてください。

▼［sum / sumif］で合計を算出する

［sum］は選択した範囲の値を合計します。［sumif］は条件に合った値を合計します。［sum］を使うことは多いですが、［sumif］も使えるようにしておきましょう。

▼［vlookup］で文字列を探す

大量のデータの中から文字列が合致するデータを検索する関数です。例えば、1万行のデータの中から「田中」という文字に合致するデータを抽出できます。

なお、同等の関数として［hlookup］というものもあります。これはデータが横に並んでいる場合に使います。vが縦でhが横です。あまり使われることがない関数ですが、hがあることを知っておくといいでしょう。使い方はvと同じです。

▼［subtotal］で合計を算出しやすくする

いくつかのかたまりごとの小計を計算し、それらの合計を出すときに便利な関数です。［subtotal（9，範囲)］で範囲指定をして使います。

関数を使うと便利な場合

■ [counta]と[countif]で店舗数などをカウント

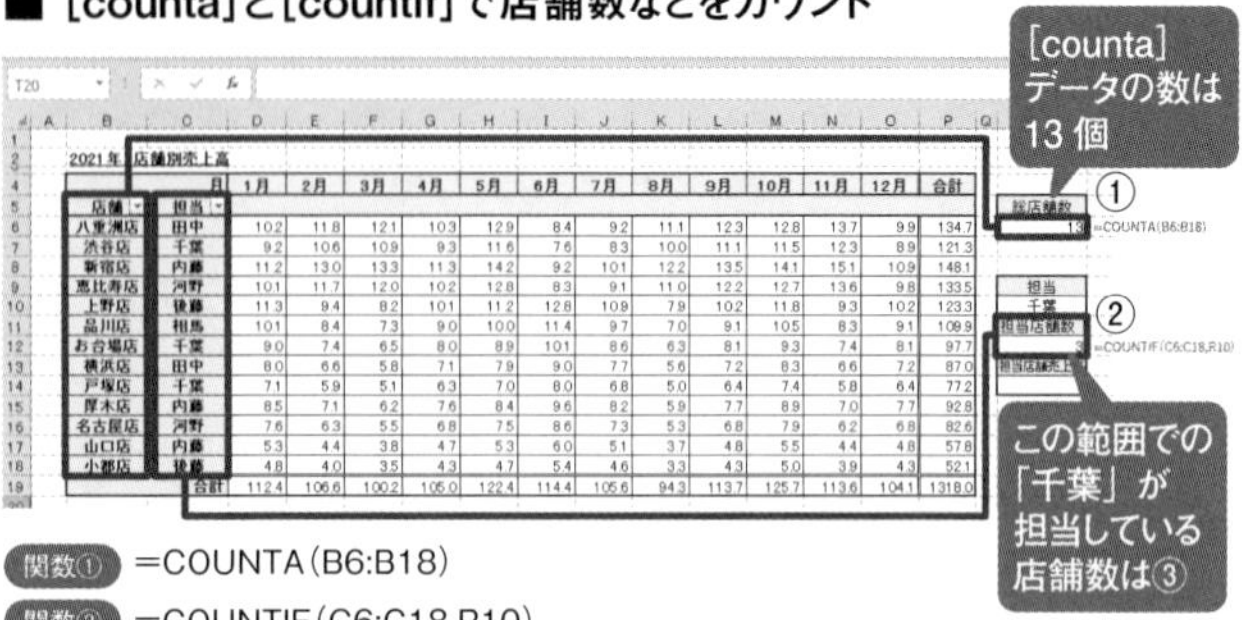

店舗	担当	1月	2月	3月	4月	5月	6月	7月	8月	9月	10月	11月	12月	合計
八重洲店	田中	10.2	11.8	12.1	10.3	12.9	8.4	9.2	11.1	12.3	12.8	13.7	9.9	134.7
渋谷店	千葉	9.2	10.6	10.9	9.3	11.6	7.6	8.3	10.0	11.1	11.5	12.3	8.9	121.3
新宿店	内藤	11.2	13.0	13.3	11.3	14.2	9.2	10.1	12.2	13.5	14.1	15.1	10.9	148.1
恵比寿店	河野	10.1	11.7	12.0	10.2	12.8	8.3	9.1	11.0	12.2	12.7	13.6	9.8	133.5
上野店	後藤	11.3	9.4	8.2	10.1	11.2	12.8	10.9	7.9	10.2	11.8	9.3	10.2	123.3
品川店	相馬	10.1	8.4	7.3	9.0	10.0	11.4	9.7	7.0	9.1	10.5	8.3	9.1	109.9
お台場店	千葉	9.0	7.4	6.5	8.0	8.9	10.1	8.6	6.3	8.1	9.3	7.4	8.1	97.7
横浜店	田中	8.0	6.6	5.8	7.1	7.9	9.0	7.7	5.6	7.2	8.3	6.6	7.2	87.0
戸塚店	千葉	7.1	5.9	5.1	6.3	7.0	8.0	6.8	5.0	6.4	7.4	5.8	6.4	77.2
厚木店	内藤	8.5	7.1	6.2	7.6	8.4	9.6	8.2	5.9	7.7	8.9	7.0	7.7	92.8
名古屋店	河野	7.6	6.3	5.5	6.8	7.5	8.6	7.3	5.3	6.8	7.9	6.2	6.8	82.6
山口店	内藤	5.3	4.4	3.8	4.7	5.3	6.0	5.1	3.7	4.8	5.5	4.4	4.8	57.8
小都店	後藤	4.8	4.0	3.5	4.3	4.7	5.4	4.6	3.3	4.3	5.0	3.9	4.3	52.1
	合計	112.4	106.6	100.2	105.0	122.4	114.4	105.6	94.3	113.7	125.7	113.6	104.1	1318.0

関数① =COUNTA(B6:B18)

関数② =COUNTIF(C6:C18,R10)

■ [sumif]で担当者ごとの売上合計を出す

関数 =SUMIF(C6:P18,R10,P6:P18)

■ [vlookup]で指定した店舗のデータを探す

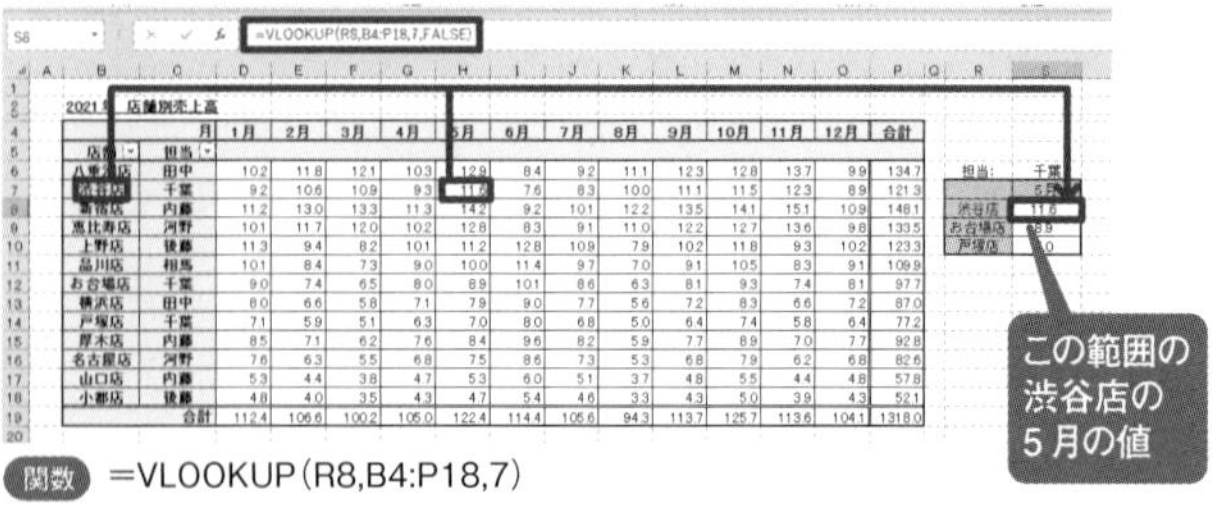

関数 =VLOOKUP(R8,B4:P18,7)

■ [subtotal]で地域ごとの小計を合計する

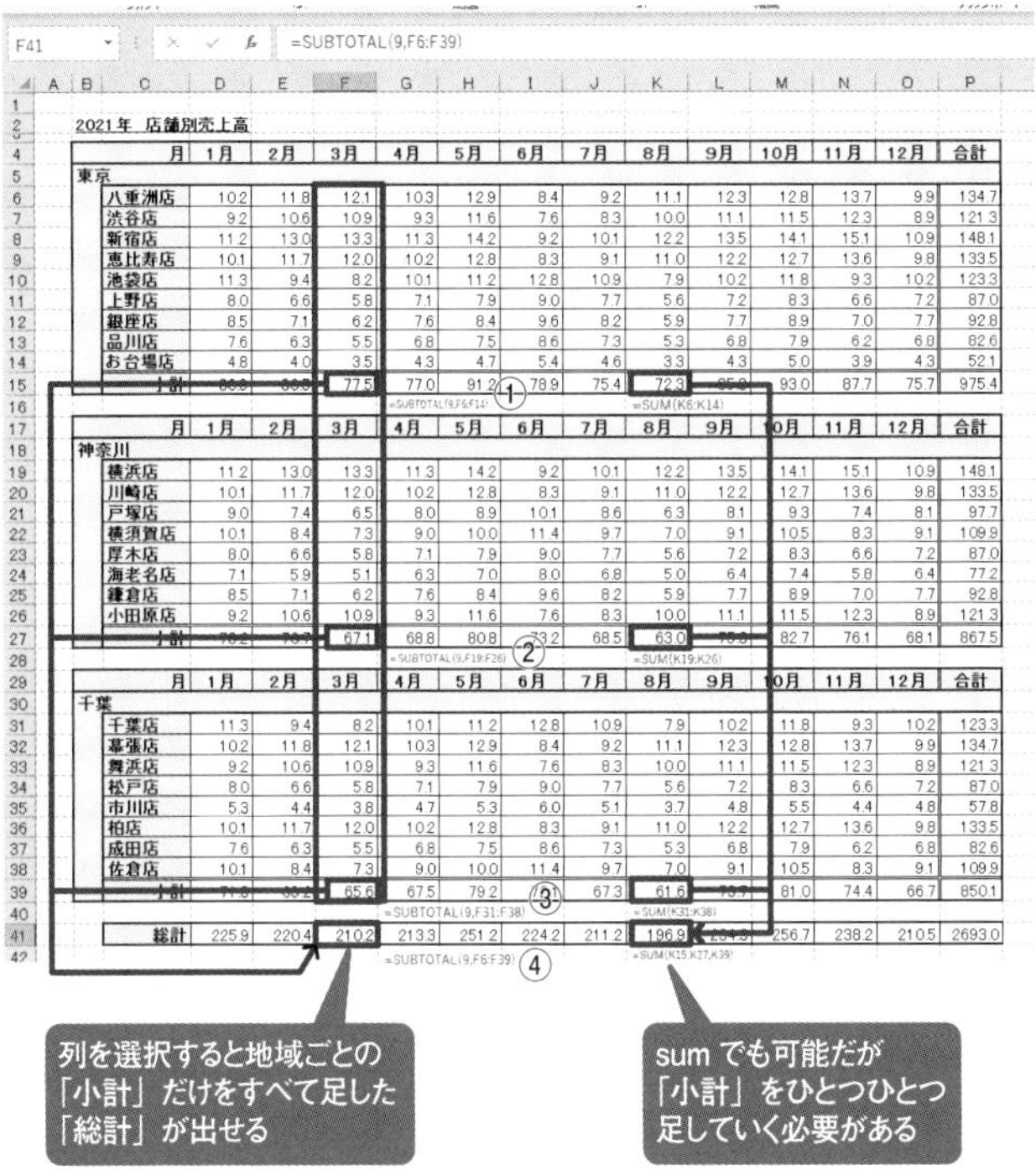

F41 =SUBTOTAL(9,F6:F39)

2021年 店舗別売上高

	月	1月	2月	3月	4月	5月	6月	7月	8月	9月	10月	11月	12月	合計
東京														
	八重洲店	10.2	11.8	12.1	10.3	12.9	8.4	9.2	11.1	12.3	12.8	13.7	9.9	134.7
	渋谷店	9.2	10.6	10.9	9.3	11.6	7.6	8.3	10.0	11.1	11.5	12.3	8.9	121.3
	新宿店	11.2	13.0	13.3	11.3	14.2	9.2	10.1	12.2	13.5	14.1	15.1	10.9	148.1
	恵比寿店	10.1	11.7	12.0	10.2	12.8	8.3	9.1	11.0	12.2	12.7	13.6	9.8	133.5
	池袋店	11.3	9.4	8.2	10.1	11.2	12.8	10.9	7.9	10.2	11.8	9.3	10.2	123.3
	上野店	8.0	6.6	5.8	7.1	7.9	9.0	7.7	5.6	7.2	8.3	6.6	7.2	87.0
	銀座店	8.5	7.1	6.2	7.6	8.4	9.6	8.2	5.9	7.7	8.9	7.0	7.7	92.8
	品川店	7.6	6.3	5.5	6.8	7.5	8.6	7.3	5.3	6.8	7.9	6.2	6.8	82.6
	お台場店	4.8	4.0	3.5	4.3	4.7	5.4	4.6	3.3	4.3	5.0	3.9	4.3	52.1
	小計	[illegible]	[illegible]	77.5	77.0	91.2	78.9	75.4	72.3	[illegible]	93.0	87.7	75.7	975.4
	月	1月	2月	3月	4月	5月	6月	7月	8月	9月	10月	11月	12月	合計
神奈川														
	横浜店	11.2	13.0	13.3	11.3	14.2	9.2	10.1	12.2	13.5	14.1	15.1	10.9	148.1
	川崎店	10.1	11.7	12.0	10.2	12.8	8.3	9.1	11.0	12.2	12.7	13.6	9.8	133.5
	戸塚店	9.0	7.4	6.5	8.0	8.9	10.1	8.6	6.3	8.1	9.3	7.4	8.1	97.7
	横須賀店	10.1	8.4	7.3	9.0	10.0	11.4	9.7	7.0	9.1	10.5	8.3	9.1	109.9
	厚木店	8.0	6.6	5.8	7.1	7.9	9.0	7.7	5.6	7.2	8.3	6.6	7.2	87.0
	海老名店	7.1	5.9	5.1	6.3	7.0	8.0	6.8	5.0	6.4	7.4	5.8	6.4	77.2
	鎌倉店	8.5	7.1	6.2	7.6	8.4	9.6	8.2	5.9	7.7	8.9	7.0	7.7	92.8
	小田原店	9.2	10.6	10.9	9.3	11.6	7.6	8.3	10.0	11.1	11.5	12.3	8.9	121.3
	小計	[illegible]	[illegible]	67.1	68.8	80.8	73.2	68.5	63.0	[illegible]	82.7	76.1	68.1	867.5
	月	1月	2月	3月	4月	5月	6月	7月	8月	9月	10月	11月	12月	合計
千葉														
	千葉店	11.3	9.4	8.2	10.1	11.2	12.8	10.9	7.9	10.2	11.8	9.3	10.2	123.3
	幕張店	10.2	11.8	12.1	10.3	12.9	8.4	9.2	11.1	12.3	12.8	13.7	9.9	134.7
	舞浜店	9.2	10.6	10.9	9.3	11.6	7.6	8.3	10.0	11.1	11.5	12.3	8.9	121.3
	松戸店	8.0	6.6	5.8	7.1	7.9	9.0	7.7	5.6	7.2	8.3	6.6	7.2	87.0
	市川店	5.3	4.4	3.8	4.7	5.3	6.0	5.1	3.7	4.8	5.5	4.4	4.8	57.8
	柏店	10.1	11.7	12.0	10.2	12.8	8.3	9.1	11.0	12.2	12.7	13.6	9.8	133.5
	成田店	7.6	6.3	5.5	6.8	7.5	8.6	7.3	5.3	6.8	7.9	6.2	6.8	82.6
	佐倉店	10.1	8.4	7.3	9.0	10.0	11.4	9.7	7.0	9.1	10.5	8.3	9.1	109.9
	小計	[illegible]	[illegible]	65.6	67.5	79.2	[illegible]	67.3	61.6	[illegible]	81.0	74.4	66.7	850.1
	総計	225.9	220.4	210.2	213.3	251.2	224.2	211.2	196.9	[illegible]	256.7	238.2	210.5	2693.0

関数① =SUBTOTAL(9,F6:F14)

関数② =SUBTOTAL(9,F19:F26)

関数③ =SUBTOTAL(9,F31:F38)

関数④ =SUBTOTAL(9,F6:F39)

32 数式を使ってラクをする

Excel

エクセルで便利な機能のひとつが数式計算です。数式を使えば使うほど、データや文字の直接入力を減らすことができ、エクセルの仕事がどんどんラクになります。**直接入力が減ることで、資料の手直しや、使い回しをするときに時間がかからない**からです。

ここでは1年分の簡単なカレンダーを、できるだけ数式だけを使い、極限まで効率化して作る方法を紹介しましょう（109ページ参照）。

▼【ステップ①】日付を数式で入力する

まずは、最初の日である「1/1」だけを入力して、その下のセルは「+1」する数式を入れます。そして、その式を「12/31」分までコピペします。このレベルは実践している人が多いかもしれません。

【ステップ②】曜日の設定を数式で行う

このテクニックは知っている人が少ないですが、知っておくとかなり重宝します。日付のとなりに曜日を入力する場合、普通は「日〜土」の1週間分の曜日を、日付に合わせて直接入力し、それを繰り返しコピーします。ですが、実は数式と書式設定で簡単に曜日設定ができるのです。

まず「1/1」の右隣のセルに「1/1」のセルを参照する式を入力します。そのままだと、「1/1」と表示されたままです。

【ステップ③】「書式設定」で曜日を自動表示させる

次にセルの書式設定（［Ctrl＋1］）で「ユーザー定義」を選んで、「aaa」と入力します。そうすると、なんと「金」というように曜日が表示されるのです。

式で曜日表示をしているので、日付を変えれば自動的に曜日も変わります。曜日をいちいち入力し直さなくていいのです。

▼【ステップ④】カーソルをセルの右下に合わせダブルクリック

そして、そのセルの右下にカーソルを合わせてダブルクリックすると、98ページで紹介した機能でいっきに「12/31」までコピペできます。

日付を数式で入力している人は多いですが、曜日まで数式入力している人はあまり見ません。ここまで数式を使っていると、「1/1」の日付を変えるだけで、日付と曜日が自動的に変わり、効率的にカレンダーを流用することができます。

左ページでは、曜日を漢字で表示させる「aaa」を紹介していますが、他にも次のようなパターンがあります。

・aaaa：金曜日
・ddd：Fri
・rr：令和4
・<ddd>：<Fri>

数式だけでカレンダーを作る方法

1

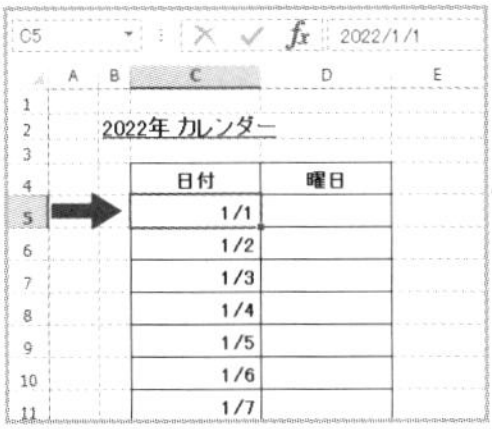

日付を入力（C5）

2

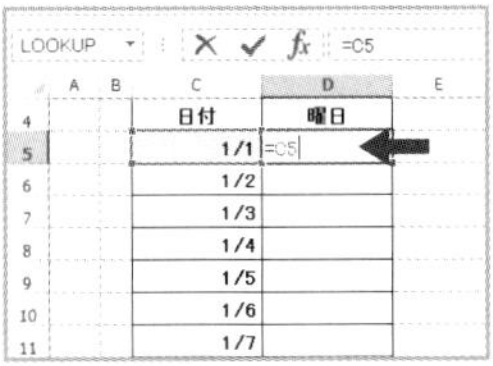

日付を入力した横のセル（D5）に日付参照の数式を入力。今回の場合は「=C5」。

3

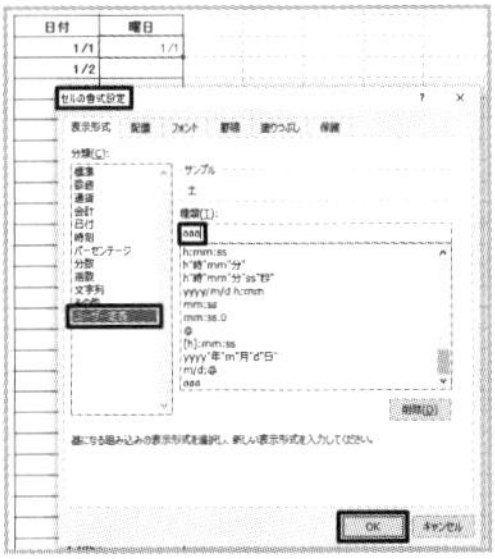

数式入力し“1/1”と表示されているD5セルの上で［Ctrl+1］を押し、「セルの書式設定」を表示。
分類［ユーザー定義］を選択。種類［aaa］を入力し、〈OK〉をクリック。

4

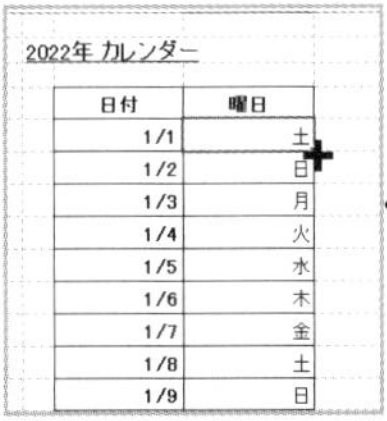

曜日表示になったセルの右下をダブルクリックして12/31まで一気にコピペ。

完成!

Point

1回作ると、その後の100回がラクになる!!

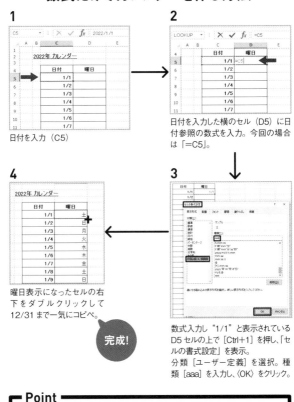

33

Excel

検算式で致命的ミスを防止する

エクセルでお金の計算をする人も多いでしょう。私もプロジェクトのコスト計算はエクセルで行います。仕事では小さなミスや失敗はつきものですが、**お金の計算に関しては、小さなミスが決定的なミスとなりかねません**。ちょっとした数式の間違いや数式のモレが大きな損失につながる可能性があるのです。

エクセルでコスト計算をしていると、途中でセルの追加や、行や列の追加が発生します。あるいは、途中で数式を変えたりもします。また、どんどん表が大きくなったり、構造が複雑になったりもします。

そうすると、コピーしたはずの数式が漏れたり、途中で変えた数式がすべてのセルに反映されていなかったりして、お金の計算が狂ってしまう可能性が出てきます。

検算は3カ所で行う

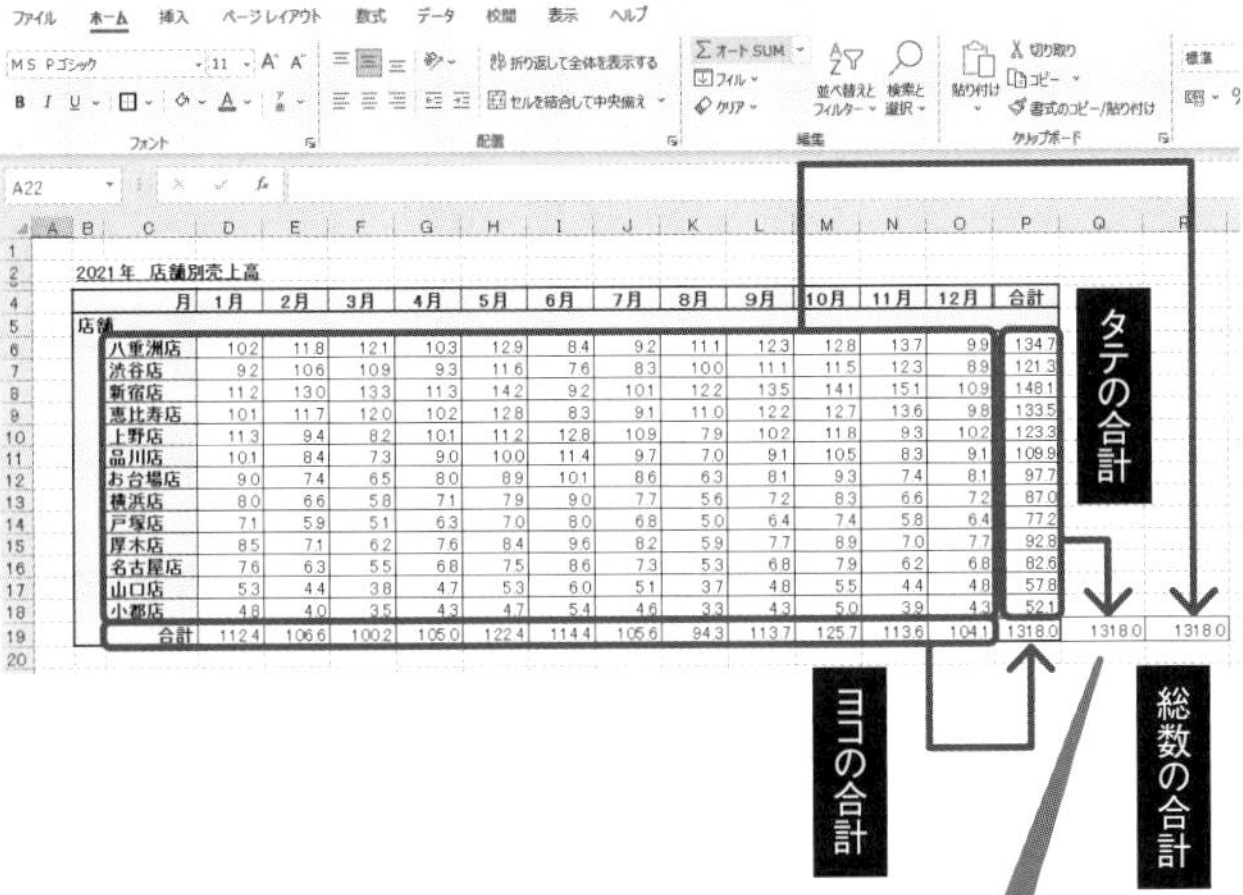

2021年 店舗別売上高

月 / 店舗	1月	2月	3月	4月	5月	6月	7月	8月	9月	10月	11月	12月	合計		
八重洲店	10.2	11.8	12.1	10.3	12.9	8.4	9.2	11.1	12.3	12.8	13.7	9.9	134.7		
渋谷店	9.2	10.6	10.9	9.3	11.6	7.6	8.3	10.0	11.1	11.5	12.3	8.9	121.3		
新宿店	11.2	13.0	13.3	11.3	14.2	9.2	10.1	12.2	13.5	14.1	15.1	10.9	148.1		
恵比寿店	10.1	11.7	12.0	10.2	12.8	8.3	9.1	11.0	12.2	12.7	13.6	9.8	133.5		
上野店	11.3	9.4	8.2	10.1	11.2	12.8	10.9	7.9	10.2	11.8	9.3	10.2	123.3		
品川店	10.1	8.4	7.3	9.0	10.0	11.4	9.7	7.0	9.1	10.5	8.3	9.1	109.9		
お台場店	9.0	7.4	6.5	8.0	8.9	10.1	8.6	6.3	8.1	9.3	7.4	8.1	97.7		
横浜店	8.0	6.6	5.8	7.1	7.9	9.0	7.7	5.6	7.2	8.3	6.6	7.2	87.0		
戸塚店	7.1	5.9	5.1	6.3	7.0	8.0	6.8	5.0	6.4	7.4	5.8	6.4	77.2		
厚木店	8.5	7.1	6.2	7.6	8.4	9.6	8.2	5.9	7.7	8.9	7.0	7.7	92.8		
名古屋店	7.6	6.3	5.5	6.8	7.5	8.6	7.3	5.3	6.8	7.9	6.2	6.8	82.6		
山口店	5.3	4.4	3.8	4.7	5.3	6.0	5.1	3.7	4.8	5.5	4.4	4.8	57.8		
小郡店	4.8	4.0	3.5	4.3	4.7	5.4	4.6	3.3	4.3	5.0	3.9	4.3	52.1		
合計	112.4	106.6	100.2	105.0	122.4	114.4	105.6	94.3	113.7	125.7	113.6	104.1	1318.0	1318.0	1318.0

検算式

タテの合計⇒SUM（P6:P18）
ヨコの合計⇒SUM（D19:O19）
総数の合計⇒SUM（D6:O18）

この3つが一致していれば OK!

Point

データが大量で修正が多いと、バグが起こりやすい。「検算のひと手間」でムダな仕事がなくなる!

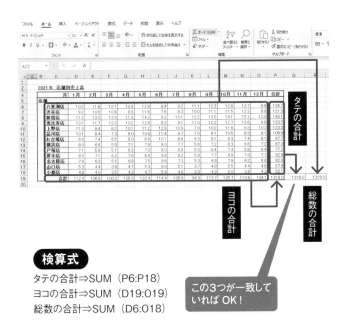

途中で気づけばいいですが、見積書としてお客様に提示して、契約完了後に気づいても、時すでに遅しで、致命的なミスになります。そして、そのリカバリーに多大な時間とコストを浪費してしまうことになります。

このような事態をなくすために、必ず「検算式」を入れるようにしましょう。

検算式の入れ方は前ページの図のように行います。

タテ・ヨコ・総数、この3つの値が合っていればOKです。

私は、メンバーが持ってきたコスト計算のファイルに検算式が入っていなかったら、「検算式を入れてから持ってきて」と言います。そうすると、ときどき「あっ！」という恐ろしい間違いを発見することがあります。

第3章

「チームのスピード」は仕組みで速くなる

チームのスピードは、個人の仕事の速さだけでは決まりません。仕組みが必要です。私が、数百人のチームのスピードを最速にするために実践してきたメソッドを公開します。

34

待ち時間ゼロ

「待ち時間」を徹底的に排除する

仕事には、個人でする仕事とチームでする仕事があります。自分の仕事をどれだけスピードアップしても、それがチームのスピードとイコールになるとは限りません。

チームのスピードが遅くなる一番の要因は、**人と人の間で発生する待ち時間**です。チーム内にあるムダな時間であり、私はこれを何も動いていない時間という意味で**「アイドルタイム」**と呼んでいます。メンバー全員の仕事が速かったとしても、アイドルタイムが多ければチームのスピードは遅くなるのです。アイドルタイムはリーダーとメンバーの間、各メンバー間の作業と作業の間に発生します。決定事項をリーダーがメンバーに伝達するのが遅い。メンバー間の情報伝達が遅れ、作業に着手できなかった……。こうした時間をゼロにすれば、チームのスピードは確実にアップします。

一人ひとりの能力は同じでも……

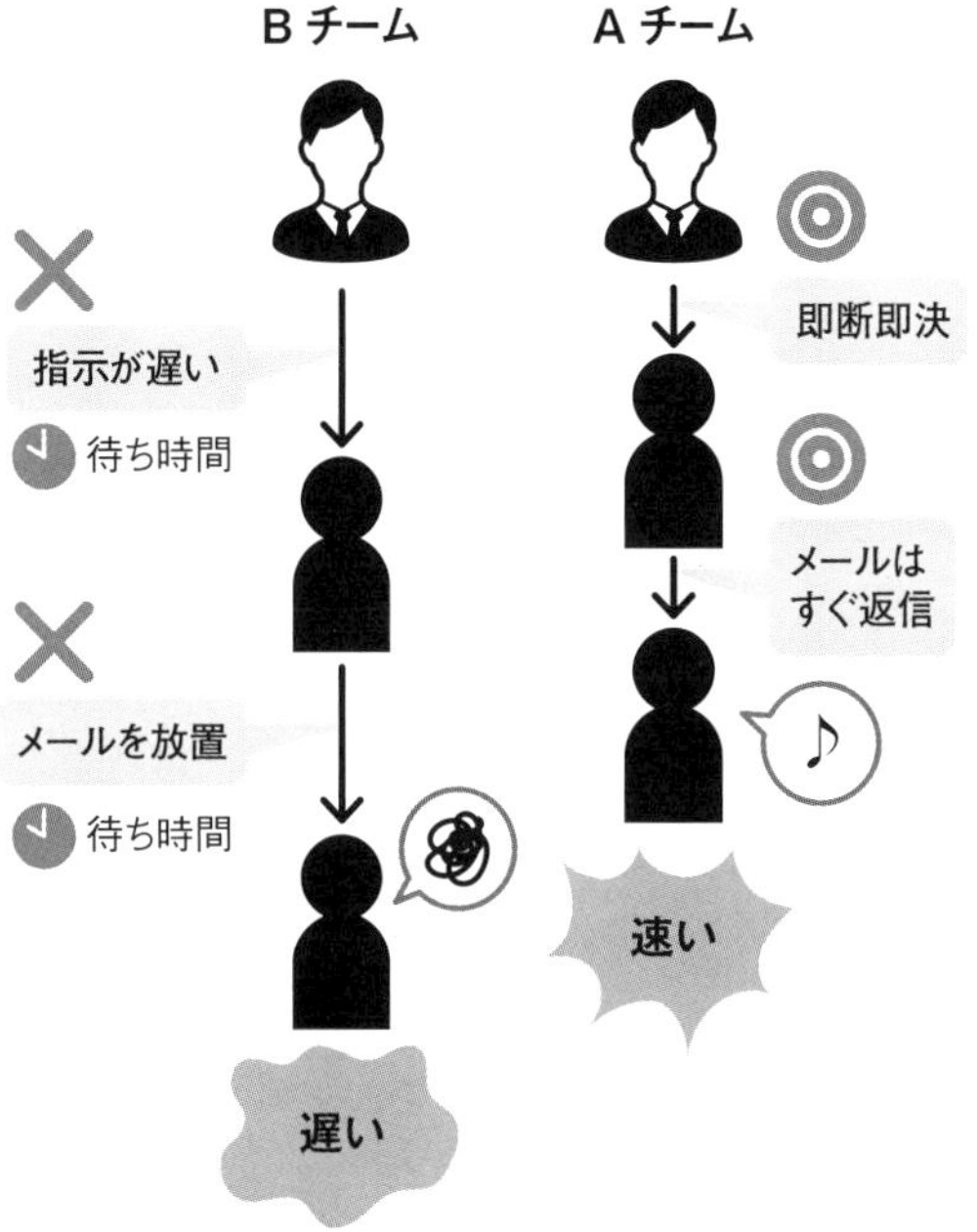

Point

ひとりの仕事がいくら速くなっても、
「人と人の間」の待ち時間が長いと遅くなる

35

待ち時間ゼロ

とにかく、何が何でも即断即決する

チームの仕事で**最も「アイドルタイム」が発生しやすいのが、「決める」という場面**です。仕事は誰かが決定しないと、次に進みません。これはひとりでする仕事も同じですが、チームでする場合はなおさら影響が大きいのです。10人のチームであれば10人、100人のチームであれば100人が次のステップに進めずに立ち往生してしまいます。チームで仕事をするときは、今日から「即断即決」を意識しましょう。

決めるのはリーダーだけではありません。メンバーが何人か集まってやる仕事もありますし、リーダーとメンバーの関係でなくても、後輩と一緒に仕事をするときに何かを決める、ということもあります。

ではなぜ、多くの人が決められないのか？　それには3つの理由があります。

▼「情報が十分にそろっていない」と思っている

このパターンが一番多いです。時間をかければかけるほど、何かすばらしい理想のものができあがるのではないかという期待を抱いている人が陥りがちなパターンです。私の経験論では、情報が十分に集まることは永遠にありません。その時点で集まった情報から、思考して、未来を予測し、そして決めなければいけないのです。

▼決めることに伴う「責任」に臆している

ビジネスには絶対的な正解はありません。

仮に、十分と思えるほどの情報が集まったとしても、正解はないので、導き出した答えが合っているかどうかは誰にもわかりません。いつどんな状況であれ、決めたことには「あれでよかったのかな？」と不安がつきまとうものなのです。

決められない人は「この判断が正しいかわからない」「成功するかわからない」と臆してしまいます。答えがないのだから、成功するとしても失敗するとしても、いつか、どこかで決めないといけません。であれば、早く決めましょう。

▼そもそも、決めないとチームが動かないことを理解していない

決めないことで、前に進まない、チームが動かない、ということを理解していないパターンもあります。そういう人はたいてい、「もうちょっと考えさせて」とか「今は決められない」と言います。

「時期尚早と言う人間は、100年経っても時期尚早と言う。前例がないと言う人間は、200年経っても前例がないと言う」

これは私の好きな言葉のひとつです。Jリーグの初代チェアマンである川淵三郎さんがJリーグの創設時に「時期尚早」とか、「前例がない」と反発を受けたときに、発した有名な言葉です。このとき私はまだ高校生でしたが、いまだに脳裏に焼き付いていて、仕事をする上で強く意識している言葉です。

決めなければ何も動きません。早く決めれば早く動き出すのです。

プロジェクトのタスク状況を可視化するために、「ホワイトボードでやるか、模造紙でやるか、みんなで集まって決めましょう」というのは実際にあった皮肉な話です。とにかく、何が何でも、即断即決をしましょう。

決められないリーダーと動けないチーム

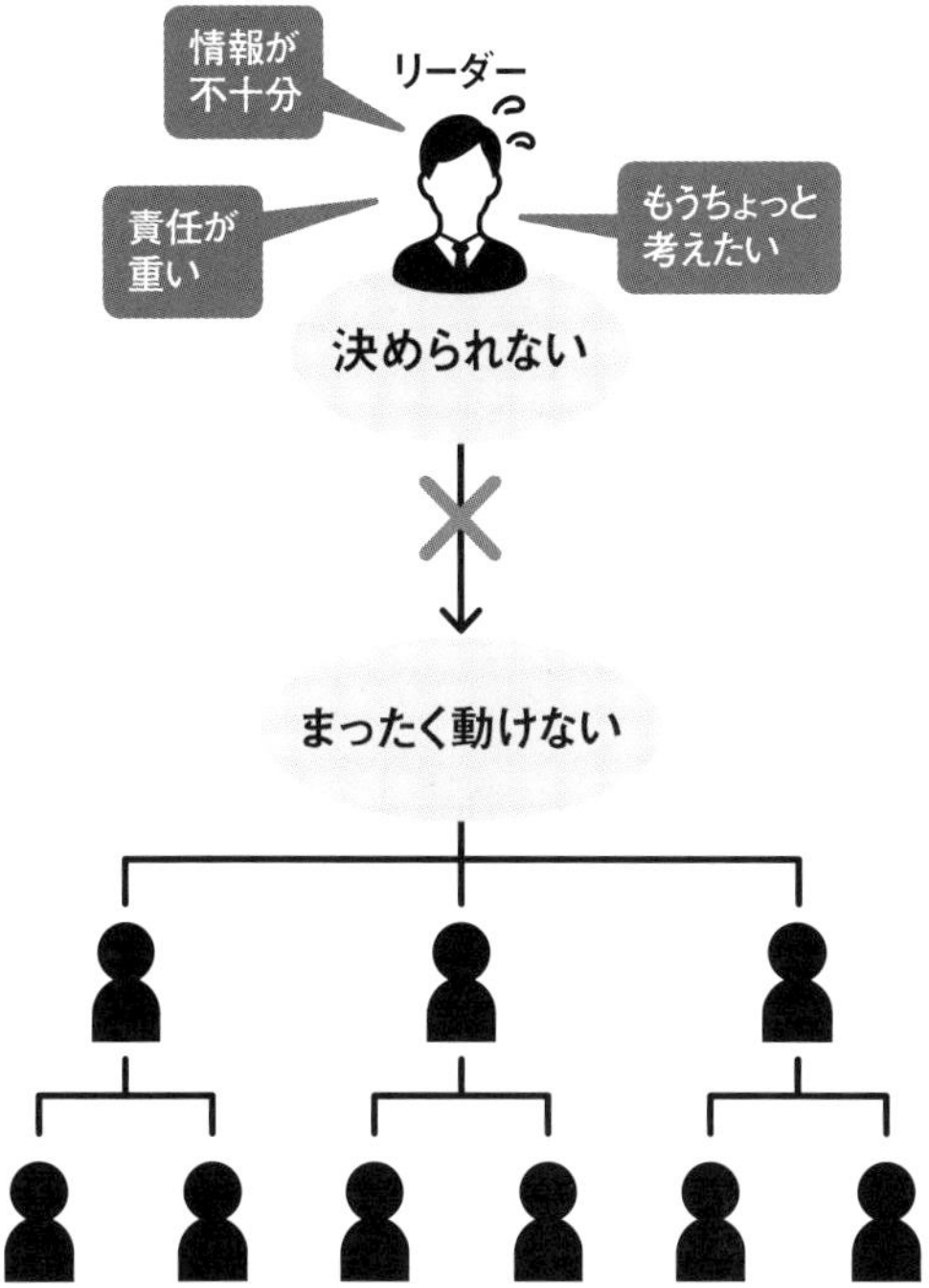

Point

リーダーが決められないと、
いたずらにアイドルタイムが長くなるだけ

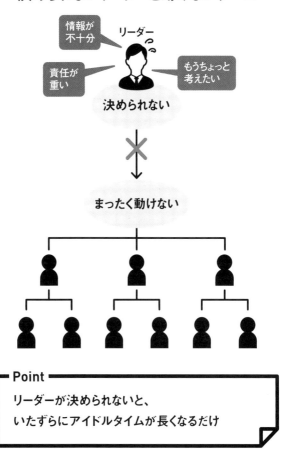

待ち時間ゼロ

36 つかまらない上司をつかまえる方法

どんなに偉くなっても、トップでないかぎりは誰しもが中間管理層です。上司がいるからには、ホウレンソウ（報・連・相）をしないといけません。ですが、お互いが忙しくしていると、なかなか上司とタイミングが合わなかったり、上司によってはメールさえ見ているのかわからないような人もいます。

例えば、数日前から判断を仰ぐメールを送っていて、最終判断の期日が迫っているのにまったく返信がない。このようなときはどうすればよいでしょうか。

▼上司の周りに座っている人に「戻ってきたら電話で教えて」と頼む

このようにお願いしておけば、電話をもらえます。お返しに、自分も相手に何かしてあげるなど、日ごろからギブ・アンド・テイクの関係をつくっておくのがコツです。

付せんに「メールの返信お願いします」と書き、机の上に貼っておく

ただし、この方法は、「俺は上司だぞ!」と威張りたいタイプの人には逆効果。気分を害する可能性が高いです。そういうことをあまり気にしない人であれば、何かしらのアクションをしてくれるでしょう。

ほぼ間違いなく席にいる時間帯を狙う

一番確実な方法は、次のいずれかの時間帯を狙ってつかまえることです。①朝、出社する時間、②ランチから戻ってくる時間、③会議から席に戻ってくる時間。どうしてもつかまえたい場合は上司の席の前で張り込みしてでも、確実につかまえるのです。

まだ自分の資料ができ上がっておらず、声をかけられない、ということもあります。もし、仕上がるのが定時を超えてしまいそうなら、「今日は何時にお帰りになりますか?」と日中に退社予定時間を聞いて、あらかじめ打ち合わせの予約を取っておくとよいでしょう。

37

待ち時間ゼロ

「了解」。すべてのメールに必ず返信する

後輩にメールで仕事を依頼したが返信がなく、手をつけているのかがわからない。上司にトラブル対応の報告をしたが、返信がない。そもそもメールを読んだかどうかもわからない。私自身、何度もこのような経験をしてきました。

チームで仕事をする上では、自分に来たすべてのメールにしっかり意思表示をする＝返信することがとても重要になります。

チーム内のメールには、「報告」「判断を仰ぐもの」「作業依頼」「作業指示」などがあります。そのようなメールに対して受け手からの返信がないと、「進めていいのかな？　それとも何か内容に不備でもあったかかな？」と、送信者は不安になります。**メールを送信した人にとっては、返信がこないとその仕事が終えられないのです。**

報告メールには「了解」と、たった一言返すだけでも、送信した人への報告という仕事が完了します。逆に返信がないと、メールを読んだのかすら伝わらず、報告という仕事が明確に完了しません。リーダーの立場にある人は、**一つひとつのことを明確に完了させ、チームのメンバーが他の仕事に100％集中できるようにする**ことが大切です。だからこそ、返信は早ければ早いほどいいのです。

コミュニケーションのチャネル数は、n(n-1)/2とされています。10人チームであれば、チャネル数は10(10-1)/2で45、20人チームであれば、20(20-1)/2で190です。10人しか増えていないのに、チャネル数は145も増えるのです。チームが大きくなればなるほど、このような細かいことが「ちりも積もれば」で雪だるま式に増えていき、大きな差となります。

「了解」と書くのはたった1秒で終わりますが、そのメールを書かなかったことで発生する時間の損失は1秒ではすみません。

回覧板のような情報共有のメールには返信不要ですが、基本的には、自分が受信したメールには必ず返信するようにしましょう。

38

待ち時間ゼロ

メールの「開封確認機能」で相手のスピードを測る

「メールで依頼したあの件、どうなった?」と、3日後くらいに尋ねたところ、「すみません、そのメール見逃していました」と言われる。こうした残念なやりとりは、誰しも経験があると思います。

メールを見る、見ないという単純な確認をしなかったことで、下手をすると数日レベルで時間をムダにしてしまうことがあります。こういったことをなくすためには、相手の仕事のスピード感を把握しておく必要があります。相手のスピード感を知るための方法のひとつとして、私は、メールの「開封確認機能」を使っています。開封確認機能とは、送ったメールを受信者が開いたときに、「メールを開いたよ」と送信者に通知する機能です。ほとんどのメールソフトについているので設定方法はヘルプなどで調べてみてください。

私の場合、自分のメンバー全員宛に一括してメールを送るときに、たまにその機能を設定します。そうすると、メールを開いたタイミングで次々に開封確認のメールが自分のところに飛んできます。この開封確認機能を何回か使うと、誰がどれくらいのスピード感でメールチェックをしているかが大体わかるようになります。メールを受信してすぐにメールを開く人もいれば、なんと数日後に開く人もいます。

メンバーのスピード感を知っておくことは、チームとして最速で成果を上げることにつながります。例えば、**メールを開くのが遅いタイプの人に対しては、メールを送った後に直接、「メールを送ったから確認しておいてね」と口頭でフォロー**しておくことで時間のロスをなくすことができます。

また、仕事を依頼するときにも誰がどれくらいのスピードでできるのかがあらかじめわかっているので、それを踏まえた段取りで作業を依頼することができます。

なお、このテクニックの使いすぎは厳禁です。気分を害する人もいるので、こっそりと。だいたいの感触がつかめたら、やめましょう。

39

待ち時間ゼロ

打ち合わせの「持ち帰り」をゼロにする

ミーティング中に、自分の担当ではない分野の話になることがあります。その場では回答できないため「持ち帰って担当メンバーに確認します」という対応になるでしょう。自分がわからないことは、その場で回答せずに持ち帰ること自体は正しい対応です。間違った回答をしてしまってはダメですからね。

ですが、持ち帰って確認すると、ミーティングの後に「確認」と「報告」という2つの時間が必要となります。このようなときは**「持ち帰り」をせず、ミーティング中に担当者にメールを送る**ことで時間を短縮します。

すぐにメンバーにメールを送ることで、数十分速く動くことができ、場合によってはミーティング中にメールで返事を受け取ることもできます。そうするとミーティング中に報告まで済ませることができ、持ち帰りはなくなります。

私は極力持ち帰り仕事を少なくしたいので、メールタイトルに工夫をしています。

「【至急】××の件　確認お願いします」

としておけば、すぐにメールを確認してもらえる確率が上がります。

さらに、CCに、そのメンバーの周りに座っている人を入れておき、

「CC各位、このメールを見たら本人に伝えてください」

と書いておきます。そうすると、本人がメールに気付いていなくても周りの人が伝えてくれて、すぐに対応をしてもらえます。

私のチームでは、私がいつもこういったオペレーションをしているので、私からのメールは優先的に確認し、すぐに返信してくれます。私が中国・大連に出張に行っていたとき、大連チームとミーティングをしている1時間の間に、日本チームと3往復くらいメールのやりとりをしたこともあります。持ち帰りゼロで、その1時間の間にすべてを片付けました。ミーティングで発生したことはミーティング中に片付ける。これを習慣にしてみてください。

40

待ち時間ゼロ

「席に戻ったら来て」とメールする

みんなそれぞれ、自分のスケジュールで仕事をしているので、誰かに用があってその人の席に行ったが離席していた、ということはよくあります。

仕方がないので、その人が戻ってくるタイミングを見計らって、もう一度席に行きます。そうしたら13時戻りのはずが、また席にいなかった。「なんだよ、またいないのか。時間を空けてまた来よう」。こんな経験は、誰でもしたことがあるのではないでしょうか。

席を2～3往復しているうちに、もう一度声をかけに行くのを忘れてしまい、その用件自体が流れてしまうこともよくあります。

「13時になったらもう一度席に行こう」と**気にしていることも時間のロスですし、も**

う一度行ったのにいなかった、という場合はダブルで時間のロスです。

そんなとき、私は

「席に戻ったら来てください」

という**タイトルだけのメール**を送ります。そうすると、その人が席に戻ってそのメールを見たら、すぐに私のところに来ます。

私の頭の中で「後でもう一度行かないと」と覚えておかなくてすみますし、相手も自分が来られるタイミングで来るので、お互いに時間のロスはありません。席に来てもらう必要がないときは、

「内線×××番に電話ください」

でもいいでしょう。この場合は**内線番号まで具体的に書いておく**と、すぐ行動してもらえます。

このテクニックは、自分より立場が上の人に対してはあまり使えませんが、部下や同僚など、相手を選んで使ってみると、かなりムダな時間を節約できます。

41

待ち時間ゼロ

メールの「24時間ルール」をメンバーと共有する

私は今、数百名のメンバーと仕事をしていますが、メールを返す速度は、人によって信じられないほどばらつきがあります。1秒後に返すのが「常識」だと思っていて、半日遅れるだけでも「遅くなってすみません」と言う人もいれば、1週間後に返事がくる人もいます。簡単なメールには即レスするのに、ちょっと難しい内容のメールには、返信をしてこないタイプの人もいます。

そのため、かつての私は常に「あのメールどうなったっけ?」と気にして過ごしていました。今は、こういったばらつきによるロスをゼロにするために、チームにルールを適用しました。それがメール返信の「24時間ルール」です。

メール返信の「24時間ルール」とは、**自分に来たメールに対して、誰しもが必ず24時間以内に何かしらの返信をしなければならない**、というルールです。

今の時代、メールは非常に重要なビジネスツールですが、読んだり書いたりすることが自分の好きなタイミングでできるため、チーム内のアイドルタイムを増やしてしまうという弊害も生みやすいのです。

そのアイドルタイムをなくすために、「やりました」「確認しました」「○○日までにやります」「それはできません」など、自分の意思表示を必ず24時間以内に返信するように決めたのです。「○○日までにやります」と言われたらその日まで待っていればいいですし、もし「それはできません」と言われたら、次の選択肢にすぐに移ることができます。もちろん「24時間ルール」を適用しても、そうすぐには浸透しません。これまでのクセでメールの返信を放置するメンバーもいます。

そんなメンバーには、24時間たった後に「あのメール、返信ちょうだい」と催促します。地道な作業ですが、チームのスピードを上げるためには絶対に必要なことです。「24時間ルール」がチームに浸透すれば、チームのスピードは劇的に速くなります。

42

伝え方

長いのは悪。A4の「紙1枚」にまとめる

仕事が速いコミュニケーションの究極の形、それは「1回で確実に伝わる」ことです。しかし、コミュニケーション・ミスはどうしても発生してしまいます。たいていの場合、その**コミュニケーション・ミスの責任は発信側にあります**。

もちろん、メッセージの受け手が「説明会で寝ていた」「そもそもメールを読んでいなかった」というケースもありますが、それもひっくるめて発信側に責任があると思うべきです。

結局、受け手がどうであれ、あるいは伝わらなかった理由が何であれ、コミュニケーション・ミスによって成果が得られず困るのは発信側の自分だからです。

「メールしたのに、なぜやっていないのか」「メールで説明したのに、なんで理解し

ていないのか」「説明会で手順を説明したのに、何を聞いていたのか」といった、認識の行き違いはよく起こります。

なぜ、このようなコミュニケーション・ミスが発生するのでしょうか。**原因の9割は、メールが「長い」ため**です。

たまに、人間の理解の限界を超えているような分量の資料を作る人がいます。説明会で使用するパワーポイントが50ページもあり、それを1時間で説明しようとするから、早口になってしまう。説明は速いし、資料には文字がぎっしり書かれている。聞き手はすぐにドロップアウトしてしまいます。伝えることに主眼を置きすぎると、結局は伝わらないコミュニケーションになってしまいます。

私の職場では**「エグゼクティブ・サマリー」**を作るルールがあります。たとえ100枚の資料を配る超重量級の会議だったとしても、社長や幹部など、上層部用に、必ずそれをA4の「紙1枚」にまとめるのです。時間がない彼らにも一瞬でわかるように伝えてこそ、プロとして認められます。

聞いてもらえる話、読んでもらえるメールはすべて短い。コミュニケーションするときは、この絶対的な原則を忘れないようにしてください。

43

伝え方

「図解」すると、1秒で伝わる

人は目で読んだり、耳から聞いたりした情報を頭の中でイメージ（図）に「変換」して理解します。つまり、**頭の中で図に変換するプロセスを飛ばし、図解してコミュニケーションをすることで、短時間で確実に伝えるのです**。あらゆる場面で、表、グラフ・フローチャートなどを使って図解するようにしましょう。

また、図解ができるということは、物事を論理的に構造化して整理できるということです。**図解するプロセスで、自分自身の理解も深まります**。さらに、図解は世界共通の言語です。以前、私が一緒に仕事をしていた中国・大連のスタッフたちは、日本語はペラペラでしたが、細かいニュアンスや指示が確実に伝わらないことがよくありました。そんなとき、図解して伝えることで正確に意図が伝わったのを覚えています。

複雑な情報は図にするほうが速い

文 章

A 店は売上が 20%増加しつつも、B 店では2年連続減少。
C 店では横ばいではあるが、Z 商品の売上は伸びてきている。

図

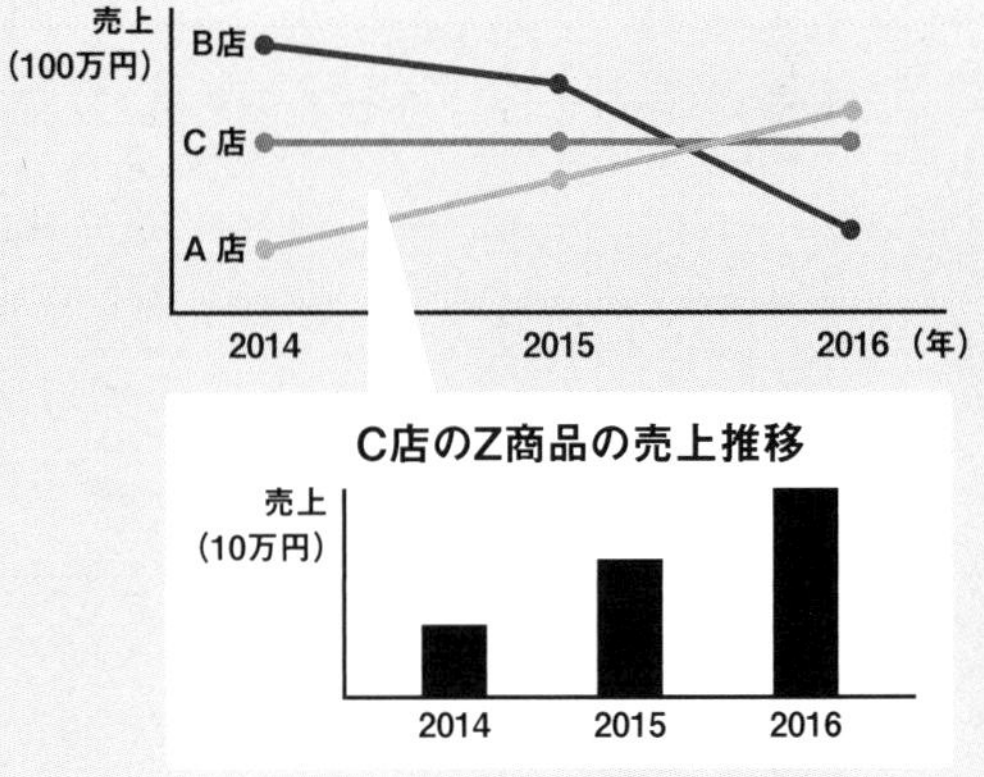

Point

情報の「変換」に時間がかかったり、
「誤変換」してしまったりすることで、
コミュニケーションのロスやミスが発生する

44

伝え方

コピー用紙とカラーペンを机に置く

「言っていることがさっぱりわからない」「口頭で作業指示をしたら、3日後に期待していたものとまったく違うものが出てきた」といった経験は誰でもあると思います。口頭のコミュニケーションほど認識ギャップが生じるものはありません。

前述の通り、相手に確実に理解してもらいたければ「図解」して説明するのがベストです。この図解コミュニケーションを徹底するために、私は机の上に、コピー用紙の束とカラーペンを常備しています。これは私にとって一番の必需品と言ってもいいかもしれません。もはや、これなしではいい仕事ができません。

メンバーとコミュニケーションをとるときに、そのコピー用紙を1枚手に取り、カラーペンで図を書きながら議論をすすめます。図解することで、頭の中で考えていること、口頭で説明していることが可視化され、論点が明確になります。これは、リアルコミュニケーションの場だけでなく、オンライン会議の場でも有効です。

作業指示をする際にも、コピー用紙にアウトプットイメージ、作業プロセスや期限を明記します。そうすることで、数日後に想定外のものをアウトプットされるなどということが防げます。コピー用紙とカラーペンでコミュニケーションをする際は、2つのポイントがあります。

▼カラーペンはちょっと太めのものを使う

ボールペンではなく、ちょっと太めのカラーペンを使っています。そのほうが視覚的に見やすく頭に入りやすいからです。また、ボールペンだとすべりやすく、机の上に紙1枚を置いて書くときには書きにくいです。

カラーペンは、100円ショップでも20本くらいのセットが売られています。それで半年以上はゆうに持ちます。

▼書いていいのは図と単語のみ

いくらコピー用紙とカラーペンを用意してもそこに「文章」を書くのは厳禁です。内容は、必ず図で表現するようにします。書いていい文字は図を補足する単語だけです。文章で書いてしまうということは、その論理を図解する余地がまだ残っているということです。なぜならば、文章は単語の組み合わせでできているからです。文章を書いてしまったら、自分が伝えたいことがまだ論理化・構造化しきれていないというシグナルだと思いましょう。

「百聞は一見に如かず」です。

何回も何回も口頭でコミュニケーションを取っている間に、カラーペンとコピー用紙を手に取ってバシッと1枚書いてみましょう。話が倍速で終わります。

図解の例

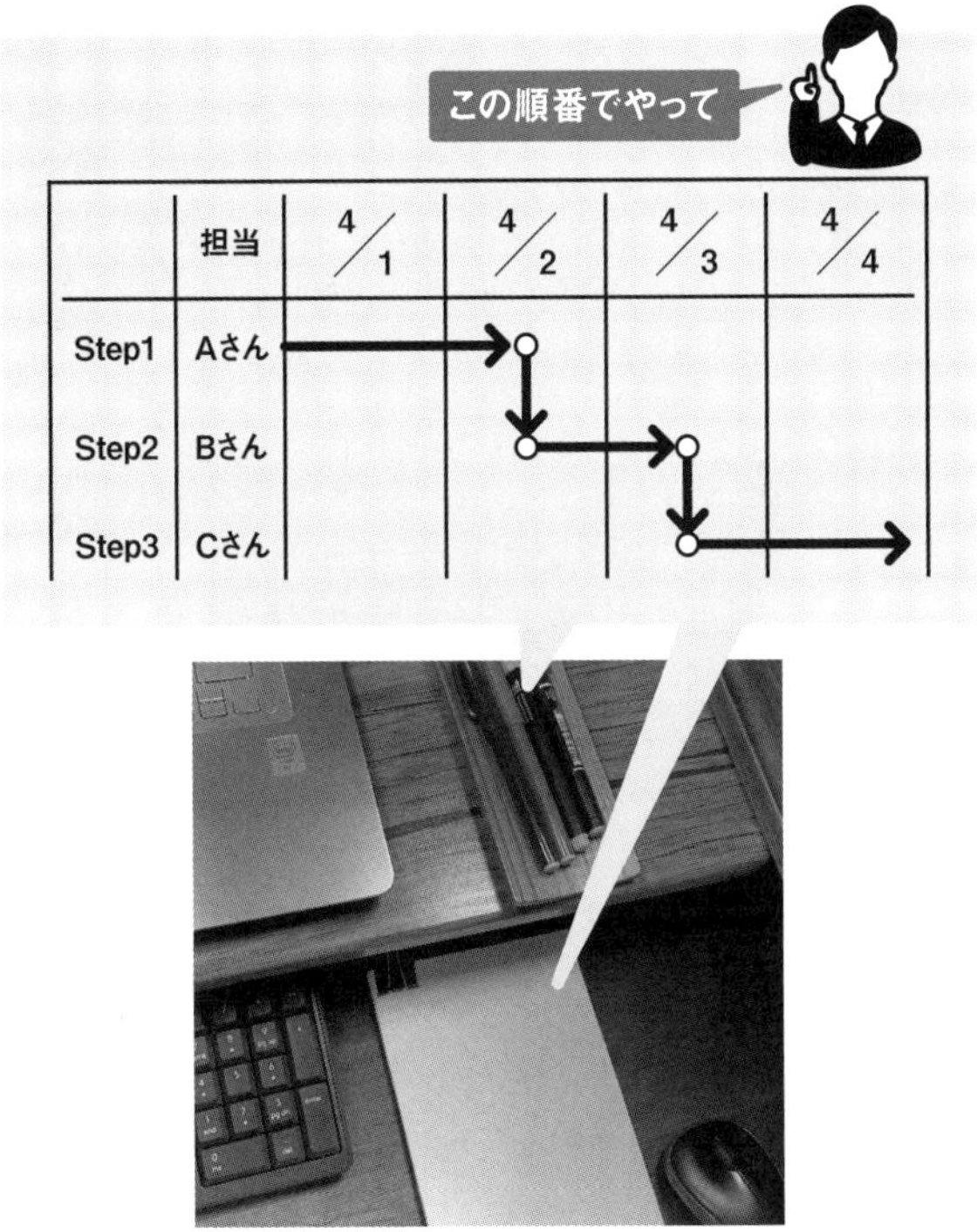

Point

机の上にコピー用紙の束とカラーペンを置くことで、話が「倍速」で伝わる

45

伝え方

相手のレベルに合わせたアウトプットにする

仕事とは、何かをアウトプットすることです。さらにそのアウトプットは、誰かのインプットになります。

時間と労力をかけて調査した結果を膨大な資料にまとめたが、相手にはまったく通じなかった、ということはよくあります。

インプットする人が理解できないようなアウトプットでは、仕事をしたことにはなりません。その作業に費やした時間がムダになります。

相手に理解されるアウトプットとは、相手のレベルに合わせるということです。ここでいうレベルとは2つあります。**階層と理解度**です。

▼相手の「階層」に合わせる

相手が課長と部長とでは、必要な情報は異なります。ましてや社長が相手となればなおさらです。

もしあなたが部長だったとして、上司である社長に対しては、「3月までの売上達成は計画どおりです」と言えばいいところが、部下の課長に対しては、現場レベルでの進捗の細かい懸念事項や、そのリカバリー方法の提案をする必要があるでしょう。

相手は誰なのか？　それによってアウトプットする内容が変わります。

▼相手の「理解度」に合わせる

自社製品を売るために客先に説明に行くとき、自社の技術用語を並べ立てて説明しても、お客様はまったく理解できません。

システム障害の報告で、なぜそれが起きたのかを説明する際には、エンジニアでない人にもわかる言葉を使う必要があります。

相手が理解できない言葉を使って説明しても、何も伝わりません。

46

任せ方

部下の「モンキー」は部下に背負わせる

リーダーばかりが毎日遅くまで残業をし、メンバーは暇で仕事が早く終わり、先に帰宅する。あなたのチームがそうであれば、それは100%リーダーの責任です。よく「俺ばかりが仕事をして、メンバーが全然使えないよ」と愚痴を言う人がいますが、それはリーダーとして仕事ができないことを自ら触れ回っているようなものです。

リーダーが忙しくしていると、チームを動かすという最重要の仕事をすることができなくなります。

私がリーダーとして働く上で、最も影響を受けたもののひとつに『1分間マネジャーの時間管理』(ケン・ブランチャード、ウィリアム・オンケンJr、ハル・バローズ著、永井二菜訳、パンローリング刊)という本があります。この本では、仕事をモンキー(猿)にたとえ、メンバーのモンキーはリーダーが背負うべきではない、と言っています。

あるメンバーが、自分の仕事に問題が発生し、それを相談しに来ました。

A「わかった、私がいったん預かろう」
B「わかった、解決案をいくつか考えてきてくれ」

あなたはどちらの言葉を言うでしょうか。Aの場合、モンキーはリーダーの肩に、Bの場合、モンキーはメンバーの肩に乗ります。

「わかった、私がいったん預かろう」を繰り返すと、何人ものメンバーのモンキーがリーダーの肩に乗ってしまい、リーダーはいくら時間があっても足りなくなります。

たくさんのメンバーが、リーダーに預けたモンキーが結果を持ってくるのを待っている、という状況になってしまうのです。

リーダーは自分が背負うべきモンキーのみを背負い、メンバーが背負うべきモンキーはメンバーに背負わせるようにしましょう。

任せ方

47 依頼した仕事はギリギリまで出てこない

同僚や後輩、チームメンバーに依頼した仕事はだいたい期限ギリギリまで出てきません。例えば、3人のメンバーに同じ資料作成を、「今週中」「来週中」「月末まで」と別々の期限で依頼した場合、いずれもその期限ギリギリに資料が上がってきます。つまり、**設定した期限がチームの成果があがるタイミングとなる**のです。このようなことが起こる理由は2つあります。

▼夏休みの宿題をギリギリに始める「学生症候群」

手をつけること自体が期限ギリギリ。このような行動様式を学生症候群と呼んでいます。「夏休みの宿題を夏休みの終わりに慌ててやる」「レポートを期限ギリギリになって突貫工事でやる」「学校のテストを一夜漬けでしのぐ」など、ほとんどの人は心当たりがあると思います。かく言う私も、例外なくこんな学生生活を送ってきました。残念ながらこれは人間に本来備わっている特性なのです。社会人になったからといって急に直るものではありません。

与えられた時間を使い切ってしまう「パーキンソンの法則」

パーキンソンの法則とは簡単にいうと、人は、もらったら、もらった分だけ使ってしまうという行動様式です。つまり、「1カ月という期間を与えたら、その期間を使い切ってしまい」「500万円という予算を与えたら、その予算を使い切ってしまう」ということです。

この2つは日々仕事を進めていく上で、いくつか思い当たるところがあることでしょう。仕事を依頼する側の人、リーダーとなる人は、これらが是か非かを議論するのではなく、これが人間の特性であると理解しておくべきです。この特性を前提に、**メンバーに与える時間と期限はリーダーがコントロールする**のです。

48

任せ方

途中で「チェックポイント」を設ける

メンバーに仕事を依頼していたが、1週間後に出てきたものを見たら、期待していたものとまったく違っていて、結局最初からやり直さないといけなくなった。これもよくある失敗です。

若手やその仕事に慣れていない人、スキルの低い人の場合に起こりやすいパターンです。

そのようなことを未然に防ぐために、メンバーに依頼した仕事が予定通り進んでいるか、チェックポイントを設けるようにしましょう。

チェックポイントでは、一対一で実際に仕事の内容を確認して、進み具合と内容を確認します。自分が依頼した内容に沿った仕事をしているか、依頼した期限までに完了できそうかを確認します。

このチェックポイントのタイミングが重要で、メンバーによって変えます。優秀で確実に仕上げてくるメンバーには、それほど必要ではありません。むしろなくてもいい場合が多いです。

逆に、若手やその仕事内容について理解が深くないメンバーに対しては、まずは初期段階にチェックして、そのときの状況によってその後のチェックポイントの頻度を決めるようにします。

早めに間違いに気づけばすぐに軌道修正ができます。「何もやっていなかった！」という最悪の場合でも、手が打てるタイミングに設定します。期限ギリギリになって気づいたら、大きな手戻りとなってしまいます。

49

任せ方

「どうしたらいいですか？」には「どう思う？」と答える

チームのメンバーそれぞれが自分で考え、自分で判断できるようになれば、そのチームの仕事は速くなります。リーダーがいちいち指示をしなくてよくなるからです。

速くて強いチームを作りたいのであれば、**メンバーに課すハードルを下げてはいけません**。自分が求めているものに対して、メンバーがその下のレベルのものを持ってきたら、そのアウトプットを妥協して受け取ってはいけません。「求めているものに達していない」と差し戻しましょう。

差し戻されると、メンバーは嫌な気持ちになるし、陰で文句を言われると思います。それでも、リーダーとしてチームを強くするためには必要なことなのです。私はメンバーが「どうしたらいいですか？」と聞いてきたときには、必ず「どうしたらいいと思う?」とおうむ返しで返事をすることに決めています。

とはいっても、メンバーはすぐには答えを持ってこられるようにはなりません。「ハードルを下げない」ためのポイントは2つあります。

権限を委譲する

メンバーに判断と決定の権限を委ねます。決定権を委譲しないかぎり、判断はリーダーのものです。ただし、**結果責任まで委譲してはいけません**。責任まで求めるとメンバーは何も決めたがりません。**チームの結果責任はリーダーが持ちましょう**。

とはいえ、フォローする

単に「ダメだ!」と差し戻しても、メンバーが自力で改善できるとは限りません。そのときに大切なのは、**相手を見てフォローを変える**ことです。自分で改善点を見つけて、ひとつ上のレベルに持っていけるメンバーと、何度やっても、自力では改善できないメンバーがいます。後者に対しては、改善に対するアドバイスなどのフォローが必要です。それをしなければ、何回やっても単なる時間の浪費となります。

50

打合せ・会議

会議には適切な参加者を集める

オンラインでもオフラインでも、効率のいい会議をするには、適切な参加者を集めることが大切です。「参加者」によってムダな会議になってしまうパターンは、次の3つです。

▼無用に人数が集まっている

参加することに意義がある、というような会議はかなり多いです。「みんなで考えよう!」と言って、20~30人が集まる会議もあったりします。ところが実態としては、発言する人は片手で足りるくらいの人数で、他の人は聞いているだけ。「参加しているだけの人」には、他の仕事をやってもらったほうがいいでしょう。

▼参加すべき人が参加していない

あるテーマについて議論をしたいのに、そのテーマについての有識者が参加していないときは、持ち帰りや後日確認事項が増え、十分な議論はできません。会議の目的が「報告」でなく、皆で「議論」を必要とする場合や、その場で「決断」をする必要があるなら、いるべき人がいない会議は延期し、再設定すべきです。

▼余計な人が参加している

問題を解決するためにブレインストーミング（ブレスト）をするが、問題に対して文句ばかりをいう人が参加している。このような場合は、建設的なブレストができず、後日、改めてメンバーを変えてやり直すことになります。

「自由闊達に意見を言ってください」と言いつつ、会社の重役が参加しているために、若手が発言できない、ということもあります。このようなケースも会議の目的が達成されずムダな会議となります。自分が会議を招集する場合は、ムダな会議にならないよう、開催前に適切な参加者を決めるようにしましょう。

打合せ・会議

51 打ち合わせは終了時刻を「宣言」してから始める

オフラインでの打ち合わせや会議の場合、開始時刻は書かれていても、終了予定時刻が設定されていない招集を受けることがあります。これは一番NG。もちろん社外の人との打ち合わせをセッティングするときも、10時30分〜12時というようにメールに終了予定時刻を書くようにしたいところです。一方、終了予定時刻は決めているものの、議論が収束せずに安易に会議の時間を延ばすことも散見されます。

会議はあらかじめ時間を決めて、なんとしてもその時間通りに終わらせなければいけません。**10人の会議をむやみに30分延ばすと、10人×30分の5時間分の仕事が遅れることになります。**

そもそも仕事は期限のあるものです。会議も設定した時間通りに終わらせなければなりません。では、会議が時間通りに終わらないパターンを紹介しましょう。それは次の3つです。

▼ゴールが決められていない

なんだかよくわからないけど、集まって話はした。予定時間は過ぎたけど、もうちょっと議論をしたほうがよさそうだったので時間を延長した。

会議のゴールが決められていないと、このようなことが起こります。その会議で達成すべきゴールをあらかじめ決めておき、会議の冒頭で参加者と共有しましょう。

その共有がないまま会議が始まると、必ず私は、「この会議の目的とゴールは何？」と質問します。

仕事の会議は井戸端会議ではありません。目的を持って進めましょう。

▼時間配分ができていない

3つのことを決めたい1時間の会議を想像してください。あなたなら、どのように時間配分しますか？

3つの重みが均等であれば20分ずつですし、重みが違うのであれば、5分、35分、20分というように変えなければいけません。その設定した時間を意識して、3つのテーマをそれぞれ決めた時間内に片付けます。時間配分を意識せずに会議を進めてしまうと、5分で仕留めないといけないテーマに20分かけてしまって、結果的に1時間の会議を延長せざるを得なくなります。

▼惰性で30分、60分に決められている

なぜ打ち合わせや会議は30分、60分、90分などでセットアップされるのでしょうか？

よくよく考えてみれば、本来必要な時間は会議によって一つひとつ違うはずです。13分で十分の場合もあれば、27分のこともあるし、48分かかるときもあるでしょう。実際には、キリのいい時間で終わってはいないはずです。

にもかかわらず、会社のすべての打ち合わせ、会議はキリのいい時間でセットアップされます。これは、単なる「惰性」に過ぎません。

打ち合わせが始まる前に、「この打ち合わせは何分で終わらせるか」ということを

強く意識しないと、打ち合わせ時間は無限に延びます。

そもそも13分しか必要ないミーティングを30分でセットアップすると、17分を最初からドブに捨てていることになります。

会議を時間通りに終わらせるために最も重要なことは、参加している全員が「終了時刻を認識する」ことです。当たり前じゃないか、と思った方、本当にそうでしょうか？　あなたのチームの定例会議は、何時に終わるか、全員に周知されているでしょうか？

あいまいに始まった会議は、終わりもあいまいになります。**会議は必ず時刻を決め、相手にも伝えるようにしてください**。リーダーが、毎回宣言することも効果がありま す。必ず全員で共有しておくことが重要です。

ただし、会議がぎりぎり30分で終わるか終わらないかといった場合もあります。そのようなときは、伝える終了予定時刻を「17時30分」として、念のため、会議室を18時まで予約しておきます。

52

打合せ・会議

議論がかみ合わないときは、ホワイトボードに図を書く

単なる報告ではなく、議論が中心となる会議では、ホワイトボードの使い方が会議の成否を分けます。これはオンライン会議の場合でも同様です。**頭の中を「見える化」する**ことで、お互いの言いたいことがぐっと明確になり、効率的な議論ができるようになるのです。

端から見ていて、「この2人、議論がかみ合ってないな」と感じることがあるでしょう。口頭のみで議論していると、このようなことが頻繁に起こります。**かみ合わない議論は時間のムダです**。議論していることをホワイトボードに図を用いながら書き、そこにいる参加者全員が同じ理解となるようにします。そして終わっ

た後には携帯端末などのカメラで写真に残すことができれば、わざわざ議事録を残さなくても記録に残ります。

あなたがもしチームのリーダーならば、率先してホワイトボードを使うようにしてください。リーダーでなくとも、このように会議をリードすると周りからの評価が高まります。ブレストであれば、

①まずは発言されたことをそのまま書く
②書き出されたものをグルーピングする
③フレームワーク（第5章参照）で整理する

という3ステップを意識すると、話がまとまりやすくなります。

ここでの**大切なポイントは「図」を書くということ**です。ただ単に、誰かが言った単語だけをホワイトボードや画面共有に上げたところで、それは単なるメモに過ぎません。話をまとめずに交わされた議論を羅列するのも意味がありませんので、気をつけましょう。あくまでも**図や表を使って議論を整理する**のです。

53

打合せ・会議

準備ができていないときは、即刻会議をやめる

私は、開始1分で会議をやめてしまうことがあります。

それは、準備が十分でなく、それ以上会議を続けても時間とお金がもったいないと判断したときです。

会議には時間とお金がかかっています。時間単価1万円のメンバーが10人集まって1時間の会議を開催すると、その会議のコストは10万円です。

10万円のコストがかかる会議には、10万円の価値をもたせましょう。

例えば、Aさんが企画のたたき台を作ってきて、それを基に議論をする、という企画検討の会議を行うとします。ところがAさんは他の仕事に時間を取られてしまい、手ぶらで会議に参加することになりました。

取り得る選択肢は2つです。

①10人で企画のたたき台レベルを検討するところから始める
②即座に会議を中止して、リスケジューリング（リスケ）する

私は後者を選択します。

Aさんがひとりで1時間検討すればたたき台が作れるものを10万円のコストをかけて10人で検討する必要はありません。

IT企業では、時間ごとのチャージ、つまり時間単価を計算してプロジェクトごとにメンバーを配置していきます。この仕組みは、会議の「コスト」を考えるときにもとても有効です。常に自分とチームメンバーの時給を計算するクセをつけておくと、会議のコストはすぐに計算できます。

「時は金なり」という言葉は、まさにその通りなのです。

54

打合せ・会議

「会議は全員が発言すべき」はウソ

「会議に参加したからには発言しよう、発言しないのならば参加しなくていい」、ということはよく言われることです。私も、これ自体は正しいと思っています。

ですが、そのつもりで参加しても、結果的にとくに発言の機会がなかった会議があることも事実です。

そんなときまで、意地になって発言しなくてもいいでしょう。

不要な発言をしてしまうと、全体としては時間のムダになりますし、**下手をするとそのひと言で余計な宿題が発生することもあります。**

会議が終わろうとしている間際に事情があまりわかっていない人が「そういえば、あの件はプラスアルファで考慮しなくていいの？」などと思い付きで発言したが故に、新しい仕事が増えることはしばしばあります。

その人の権限がそれなりに強いと、さらにやっかいです。その仕事に責任がわるわけでもないのに、周りの人にムダな作業を発生させてしまうのです。さらに「あの余計なひと言のせいで」と、周りの人のモチベーションも下げてしまうため、仕事はますます遅くなってしまいます。

ＴＰＯを見極めて「発言をしない」、というのも参加者の義務です。

第4章

「時間」をひねり出す

どれだけ仕事のスピードを速くしても、仕事が片付かないことはあります。そこで、かぎられた24時間の中から時間をひねり出すテクニックをお伝えします。

55 誘惑は物理的に遮断する

人間は誘惑にはなかなか勝てません。やるべき仕事があるのにネットサーフィンをする、家でテレビを見てしまう、ビールを飲んでしまう。時間が潤沢にあるわけではないのに、それらの誘惑に負けてしまい、いたずらに時間が過ぎてしまいます。

私は誘惑に対する弱さを自分の意志の力でコントロールするのは難しいと自覚しています。そのため、やるべきことがあるときは、誘惑となるものをすべて物理的に遮断するようにしています。

▼インターネット

パソコンで集中して作業をしていても、ついインターネットを見てしまいます。調べ物をするつもりだったのに、最近の検索機能はすごいので、関連記事がどんどん表示され、ついクリックして、芋づる式にサイトを見てしまう、ということもあります。インターネットは、多くの人にとって天敵でしょう。自制できない人は、パソコンをオフラインにして情報を遮断するしかありません。

▼テレビ

私のシェルターのひとつが、休日のファミレスであることを後述（176ページ）していますが、その理由は、自宅だとテレビをつけてしまい、一度つけてしまうとなかなか消せずにあっという間に深夜になってしまうからです。

▼ビール

私は妻から「スーパーで牛乳を買ってきて」と言われて出かけたのに、牛乳を忘れてビールだけ買って帰ってくるほど、ビールが大好きです。しかし、やるべきことがあるのにビールを飲んでしまうと、その時点で終了です。だから、家にビールのストックは置きません。飲みたいとき、飲みたい量だけを買い、誘惑を断っています。

56

スキマ時間

電車の中ではスマホを「機内モード」にする

私は**「電車の中は自己投資をする時間」**と決めています。

今はテレワークも増えましたが、通勤時はだいたい、朝7時に家を出て、夜、家に帰ってくるのは24時～25時くらいでした。けっこうハードワークです。家にいる時間は6～7時間、睡眠時間は4～5時間くらいです。すると、睡眠以外はご飯を食べてお風呂に入って着替えて……くらいしかできません。家で本を読むなど、インプットにかける時間はまったくとれないのです。

だからこそ、電車の中の時間をいかに確保するかは、死活問題となります。

そんな貴重な電車時間の天敵となるのがスマホです。**スマホは便利ですが、付き合い方を間違えると、むやみに時間を浪費することになります。**

あなたも、電車の中でスマホを取り出しては、ついSNSを巡回して何か面白いコンテンツがアップされてないかとチェックしたり、意味もなくネットニュースを何回も見てしまったり、ということをしていませんか。

ひと通りチェックし終えると、また最初のアプリに戻って、最新のコンテンツが上がってないか、誰かからメッセージが届いていないか、など何度も見てしまう。電車の中を見渡すと、ほとんどの人がスマホをずっと見ているので、おそらく皆同じようなことをしているのではないかと思います。

私は自分の意志だけでスマホを見る誘惑を断ち切ることができないので、電車の中ではあえて**「機内モード」にしたり電源をオフにしたりして、意識的に情報を遮断する**ようにしています。

朝と夜、往復2時間の電車の時間を、スマホでSNSを見て無為に過ごすのか、本を読んだり勉強をしたりする時間に充てるのかは、大きな違いです。それが1年、2年と積み重なると、とてつもなく大きな差となります。

57

スキマ時間

意図的に、電車で「座るか」「座らないか」を決める

あなたは電車で席が空いていたら、真っ先に座りますか？

私は、電車での過ごし方によって、「座るか」「座らないか」を決めています。

私の移動中の時間の使い方は、大きく分けると、

①本を読む、②英語の勉強をする、③執筆活動をする（パソコン、ペン、手帳を使用）、④考えごとをする、⑤リラックスする、⑥寝る

のいずれかです。そのときの気分や、疲れ具合で決めていますが、貴重なスキマ時間を何に費やすかは、意識的に決めています。

このうち、本を読む、あるいは英語の勉強をするときは、電車の席が空いても座り

ません。なぜなら、座って本を読むとほぼ確実に寝てしまう体質だからです。逆に、ブログやメディア向けの記事を書く執筆活動をしたいときは、混んでいる急行には乗らずに、空いている電車を待ってでも座るようにしています。

電車で立っているとき「どこに陣取るか」も重要で、私なりのこだわりがあります。**ベストポジションはドアと座席の間の仕切りがあるスペース**。ここならつり革を持たなくて済むため、仕切りの壁に体を預けて、両手を使うことができます。本も読みやすいですし、メモも取れます。

電車の中でパソコンなどを使って仕事をするうえで大切なことは、**仕事を「始める」までのハードルを上げないような準備をしておく**ことです。

私が気をつけているのはパソコンの電源を切らずに、すぐ立ち上がるようにしておくこと。こうすると、バスに乗っている短時間でパワーポイントの資料をささっと作ったりすることも可能です。

加えて、鞄のどこに何を入れるかもこだわっています。電車のスキマ時間に使うようなiPad、パソコン、ペン、手帳などは、満員電車でもすぐに取り出せるよう、鞄の外ポケットに入れています。鞄は外ポケットつきが便利です。

58

スキマ時間

昼休憩は後半戦に備えたエネルギーチャージの時間

昼の休憩は毎日毎日やってきます。これをただ無為に過ごすのはもったいないこと。**1時間ある休憩のうち、30分を自己投資に充てれば年間で120時間、15分使うだけでも年間60時間もの時間を捻出することができます。**

私の昼休憩の使い方は、

①食事（エネルギーチャージ）
②勉強（自己投資）
③昼寝（エネルギーチャージ）

です。

昼食を取ったあとに、残りの時間で英語や資格の勉強をしたり、ビジネス書を読むことが多いです。また、仕事が立て込んでいて、睡眠時間が少ないときなどは、15分の仮眠を取って午後の仕事に向けてエネルギーをチャージしていました。たった15分でも仮眠をとっておけば、午後の仕事がだいぶ楽になります。

あるいは、ちょっと足をのばして、美味しいと噂の店に行くこともあります。同僚と美味しいランチを食べながら、他愛のない話をするのもリフレッシュになります。フランクなコミュニケーションによって、関係性を構築することにもつながります。

コロナ禍でリモートワークを導入した企業も多いと思いますが、そうした環境では昼休憩の時間があいまいになりがちです。なんとなく惰性で昼食をとっている人も多いでしょう。

リモートであれリアルであれ、大切なのは、**なんとなく休憩をとるのではなく、何のためにどういう昼休憩の使い方をするか、ということを明確に自分で決めること**です。昼休憩の第一の目的は、**午後からの仕事に備えたエネルギーチャージ**です。その上で、中長期的な視点で自己投資をするも、体を休ませるのも、自分次第です。

スキマ時間

59 「いつでもメモセット」を持ち歩く

とてもいいアイデアを思いついたけれど、あとになって思い出そうとしてもまったく思い出せない、という経験をしたことはありませんか？

残念なことに、「これはいい！」とひらめいたアイデアであったとしても、時間がたつとすっかり忘れてしまいます。

私は人よりも記憶力に自信がないこともあり、せっかく思いついたことを忘却の彼方に追いやってしまわないよう、思いついたらすぐメモを取るための **「いつでもメモセット」** を持ち歩くようにしました。

「メモはスマホで十分」という人も増えていると思いますが、私は、後述（204ページ）するように、手書きにこだわっています。

私のお気に入りアイテムは、「モレスキン」の小さいタイプのノートと万年筆です。モレスキンを選ぶ理由は、ハードカバーであることが一番の理由です。ハードカバーであれば、通勤電車の中で立ちながらでもなんとか書けます。小さいサイズのものにしているので常にカバンに入れておいても邪魔になりませんし、スーツの内ポケットにも入るので、便利です。

万年筆を使う理由は、ボールペンと違って書くのに筆圧が必要なく、どこでも書けるから。万年筆というと高いイメージがあるかもしれませんが、プレジールという1000円位の万年筆ならコストパフォーマンスも十分です。

ちなみに、このノートはアイデアをメモするだけではなく、読んだ本で印象に残ったことや研修などで学んだことなど、自分が本当に重要だと思うことも書いています。仕事の中で気づいたことや、成功したこと、失敗したこと、さらには先輩や上司、お客様がふとこぼしたいい言葉なども書きこんでいます。ときには愚痴までも……。

書くだけではなく、時折、空き時間にこのノートを読み返すことも習慣にしています。書きっぱなしでは頭と体に定着しないので、**ちょっとしたスキマ時間に読み返すことでスキルの定着にもなります。**

60 スキマ時間

緊急のときに「どこまで犠牲にするか」を決めておく

スキマ時間からあらゆるかたちで時間を捻出してみたが、まだ時間が足りない。仕事をしていると、そうした緊急事態も起こり得ます。

本来の業務がピンチに陥ったときだけではなく、昇進のためのテストや申請書の作成に時間が必要なときもあるでしょう。社内の重要なタスクに突然アサインされるチャンスに恵まれるかもしれません。自己投資として英語や資格の勉強をしている人もいるはずです。大抵は業務最優先なので、そのような活動は、業務が終わった後にせざるを得ません。今の私の場合ですと、この本の原稿を書く時間がまさにそうです。これは業務外の時間で書いています。

そのような活動は必然的に、平日の夜や休日に時間を割かないといけません。そうすると、仕事以外の娯楽の時間、睡眠時間などを削らざるを得ないときがあります。私は、平日の睡眠時間、休日の夕食後の時間を削ってこのような業務外の時間に充てると決めています。本を書くのもその時間です。

逆に**削らない時間を決めることも大切**です。私の場合は、平日の業務時間はもちろん削らず、いつもどおり仕事をします。休日の昼間は家族との時間を優先し、執筆活動はしていません。仕事も基本的に一切しません。メリハリをつけることが大切です。

よく、どうせ土曜日に仕事すればいいからといって、金曜日の夕方にだらだら仕事をしたり、早めに切り上げて飲みに行ったりする人がいますが、これでは仕事も休みもどちらも中途半端になるので、お勧めできません。

また、時間を削るということは、何かにしわ寄せがいくことでもあるので、**期間を決めることも大切**です。数カ月であれば、プライベートを全部犠牲にしたとしても踏ん張れますが、1年にもなるとちょっと長く、つらくなってくるはずです。そのようなときは、途中で一息入れるような工夫も必要だと思います。

61

集中する

自分だけの「シェルター」を作る

自分が集中してやるべき仕事があるのに、オフィスだと周りの人に話しかけられたり、電話対応をしたりと、作業の途中で割り込みが入ってしまいます。仕事をしている以上、それは仕方がありません。それが仕事というものなので、嫌がったり、愚痴を言ったりするのは絶対にやめましょう。

よく、メンバーから話しかけられるたびに「忙しいオーラ」「話しかけるなオーラ」を出したり、相手を待たせたりする人がいますが、そういう人はリーダー失格だと私は思います。

それでも、期限が近く、どうしても集中して作業をしないといけないときがあります。そのようなとき、私は、**集中するための時間と場所を意図的に作り出す**ようにしています。私はそのような場所を**「シェルター」**と呼び、ここぞという緊急時に駆け込むようにしています。

▼会議室にこもる

私のシェルターのひとつは会議室です。空いている会議室を見つけてひとりでこもり、自分がやるべき作業に集中します。そのときはメールも読みません。

メンバーは私が席にいないので、会議か何かで席を外していると思い、特に緊急の要件がない限りは私が戻ってくるのを待ってくれます。

シェルター代わりの会議室は、違うフロアなど、**できるだけ自分の席から遠いところ**がいいでしょう。なぜなら自席から近いと、会議室に入っていく姿を同僚に見られる可能性が高まります。そうすると、誰かが自分を探しているときに、「あの会議室にいるよ」と、「通報」されてしまうリスクも高まり、シェルターの意味がなくなってしまうからです。

▼帰宅途中のコーヒーショップ

残業もそこそこに仕事を切り上げ、帰宅途中にコーヒーショップやファミレスで集中するのもひとつです。ただし、これは持ち帰りができる仕事に限られます。最近はセキュリティー遵守が厳しくなって、持ち帰れない仕事もあります。そういうときは、オフィスでやる仕事、持ち帰りでやる仕事を仕分けしておきましょう。

他に、資格の勉強、英語の勉強などにもこの手を使います。

▼休日&夕食後のファミレス

私が業務外のことをやるときに一番使うシェルターがここです。私の基本ポリシーは、「仕事は平日に片付けて休日は完全に家族との時間にする」なのですが、本の執筆や英語の勉強、資格の勉強など、どうしても休日の時間を使わないとできない、というものもあります。そういう仕事や勉強は、家族との夕食が終わった後に自転車で近所のファミレスに行ってやっています。

コーヒーショップでなくファミレスである理由は、ドリンクバーがあるからです。

また、「近所」であるというのもけっこう重要なポイントです。シェルターが遠いと、雨の日や寒い日などはどうしても行くのが面倒になり、サボりたくなるものだからです。シェルターとして利用するなら、徒歩または自転車で行ける店を選びましょう。そして、**モバイルWi-Fiは持って行かず、完全オフラインのパソコンを触るしかない状況**にして作業をします。

こうしたシェルターは自分ひとりの空間なので、その「場」に行くだけでやる気スイッチが入るというメリットもあります。本書も、休日に家で子どもと楽しく遊んでいたら、いつまで経っても執筆が進みませんが、ファミレスに到着した途端「執筆モード」に切り替わるので、休日にもかかわらず作業が飛躍的にはかどります。

シェルターは1カ所だと飽きることもあるので、お気に入りのお店を複数持っておくと、いい気分転換になると思います。

62

集中する

「とりあえず」と「いったん」は禁句

オフィスではよく、「とりあえず、こうしよう」とか「いったん、そうしましょう」という会話がかわされます。私は、「とりあえず」「いったん」というこの2つの言葉は禁句として、使わないようにしています。この2つの言葉は、仮で仕事をする、暫定的な仕事をするという意味合いがあるからです。

なぜ、仕事を「とりあえず」やってはいけないのか。それは**「暫定的」「一時的」な仕事は、その後でいずれ仕上げの作業が必要になる**からです。これは時間のムダです。一度始めたら最後までやる。中断はしない。これが、効率的に仕事を進めるコツです。

また、ひとつの仕事を中断すると、再開するときに「あれっ？　どこまでやったっけ？」といったことを考えるムダな時間も発生します。つまり、時間があいたことによって、効率も悪くなり余計に時間がかかってしまうのです。中断をなくすのは無理だとしても、仕事は一発で仕留めるという心持ちでやるようにしましょう。

私はもしメンバーから「いったん○○します」と言われたら、「〝いったん〟ってどういうこと？　どうして仮でやるの？」と問いただします。

とはいっても、本当に意図的な「仮の対応」が必要な場合ももちろんあります。そういうときはあえて「いったん」であることを強調します。

63

集中する

「忙しい」と言わない

「どう？　最近、忙しい？」とか、「なんか、忙しそうだね」というのは、オフィスでよく耳にする会話です。オフィスでなくとも、久しぶりに友だちに会うと、あいさつがわりに聞かれることもよくあります。

「忙しい？」と聞かれたら、私は「そんなことないよ。忙しくはないよ」と答えます。「忙しい」というのは、意識的に避けたほうがいい言葉だと私は思っています。

▼【理由①】忙しいと思うことで余裕がなくなる

私が見てきた〝偉い〟人や〝デキる〟人は、**どれだけ仕事を抱えていても「忙しいオーラ」をまったく出していませんでした。**もちろん、そもそもの限界値が高いのですが、**「忙しいオーラ」**が出ていないと、本当に余裕で仕事をしているように見えます。忙しいと思ってしまうこと、それはすなわち、余裕なく仕事をしていることになります。気持ちの面は余裕がある状態にしておきましょう。

▼【理由②】忙しいと言うことは、自分の限界を表明しているようなもの

忙しい自慢をする人、いますよね？

自分がどれだけ仕事を抱えているか、たくさん仕事をしているかをアピールしているつもりだと思うのですが、私からすると、**自分の限界を表明しているようなもの**です。自分の評価が決まってしまうので、限界値はあまり悟られないほうが望ましいです。とはいっても、たくさんの仕事を抱えていてパンパンになってしまうときはあります。私もそんなときに限って、新たな仕事を「突っ込まれる」ことがあります。

そんなときは、「もうパンパンで忙しくて、これ以上はできません」と断るのではなく「どれかの期限を変えていただければ対応できます」と答えましょう。「できません」というよりは、**「こうであれば、できます」と前向きな表現**を使うようにしたほうがいいでしょう。

集中する

64 宵越しの紙とメールは残さない

集中する上で最もよくないのは「余計なモノがある状態」です。余計なモノは作業する机の上にあるのもダメですし、頭の中に「もやもや」があるのも同じくいけません。メールボックスにあるのもダメです。仕事に集中するために、余計なモノは捨てるようにしましょう。

いろいろな整理術の本や、片づけの本が注目されていますが、私の最速の整理術は**「すべてを、その日のうちに捨てる」**です。一部を残したり、整理したりはしません。その手間と時間がもったいないので、とにかく捨てるのです。

▼机の上に紙の束はゼロ

1日仕事をしていると、紙の資料がそこそこ溜まります。会議で配布された資料、作成したドキュメントの見直しをするために印刷した資料、メンバーの作成した資料をレビューした紙……。私はこれらの紙を、**帰る前に毎日全部捨てています**。

「あとで必要になったらどうしよう」と心配になると思いますが、今の時代、ほとんどの資料はパソコンなどにファイルとして残っています。ファイルがなかったとしても、誰かがその紙資料を保管していたりします。

それでもなかったら？　そのときはあきらめましょう。どうせ大量の紙資料に埋もれて見つけ出せない可能性が高いので、どちらでも同じです。

紙を捨てると、机の上はいっきにすっきりして、目の前の仕事に集中できるようになります。

▼宵越しのメールは残さない

私はメールの受信ボックスの「未読マーク」でToDo管理をしているので（68ペー

ジ参照）、未読メールが受信ボックスに残っていることにストレスを感じます。ですから、紙と同じように、帰るときには受信ボックスに未読のメールが残らないようにします。

よくメルマガやＷｅｂのショッピングサイトからのメールが、知らないうちにたまっているような場合もあります。そういったメールのほとんどは読みません。どうせ読まないのですから、そのようなメールは毎日そのまま捨てましょう。**読まないメールが受信ボックスに残っていると、視覚的にも邪魔ですし、本当に重要なメールが埋もれてしまう**こともあります。

気をつけているのは**「宵越しのメールは残さない」**こと。１日の終わりにすべてのメールを「削除」または「既読」にしてから家に帰ります。

第5章

「思考のスピード」は型で速くなる

思考のスピードは生まれつきのものではなく、後から身につけられるビジネススキルです。それには、いかに「フレームワーク」（型）にはめて考えるかが、勝負になります。

65

インプット

憶測や意見ではなく「事実」をインプットする

「思考のスピードが速い人」と言うと、頭の回転が速く、矢継ぎ早にアイデアを思いつく人を想像するかもしれません。「自分には、天才的ひらめきは降りてこない」「頭がこんがらがって、整理するのが苦手」とコンプレックスがある人もいるでしょう。

でも私は生まれ持った**「頭のよさ」**と**「思考のスピード」**は、**まったく別物**だと考えています。

最速で答えにたどり着くために「まず」必要なこと。それは、**「正しい情報」をインプットする**ことです。インプットが間違っていると、結局、すごろくで言う「振り出しに戻る」状態で、正しい事実を捉えるところからやり直さなければならなくなります。

最近は「今は正解のない時代だ。だから自分の頭で考えよう」ということがよく言われますが、自分の頭で考える前に絶対に必要なのが、事実を正しく把握することです。事実を間違って捉えたままの状態でいくら考えても、それは結果的に考えたことにはなりません。

インプット情報のひとつに人の発言があります。そして、人の発言を正しく捉えるには**「憶測」「意見」「事実」**の3つがポイントとなります。相手がどれを述べているかを分類しながら聞くと、正しくインプットできるようになります。

例えばメンバーのAさんが、次のように報告してきたとします。

「A商品の売上が落ちてきているようです。B商品の売上も落ちてくると思うので、早めに何か手を打ったほうがいいと思います」

この提案、あなたはどのように受け止めるでしょうか？

「そうか、まずいな。すぐ手を打とう」と答えたとしたら……。結果的に売上回復まで時間がかかってしまう危険があります。

まず、「A商品の売上が落ちてきている」ですが、これだけでは情報元がわかりません。売上データを見た「事実」として言っているのか、誰かの伝達情報なのか、現場の感覚論として「意見」を言っているのかがわかりません。

「B商品の売上も落ちてくる」という部分も同様に、過去のデータの傾向からA商品とB商品の売上に相関関係がある「事実」からそのように「憶測」しているのか、ただ単にA商品とB商品が類似品だから心配して「意見」を言っているのかがわかりません。この情報の確かさを確認せずに売上アップのための判断をしてはいけません。

事実を正しくインプットすべきなのは、人から話を聞くときだけでなく、資料を読むときや本を読むときも同じです。

間違ったインプットからは間違ったアウトプットしか出ません。こういった報告を、聞いた側がそのまま鵜呑みにして間違った判断をしてしまうことが実は多いのです。

ダメなインプットは、
手戻りが発生するため時間がかかる

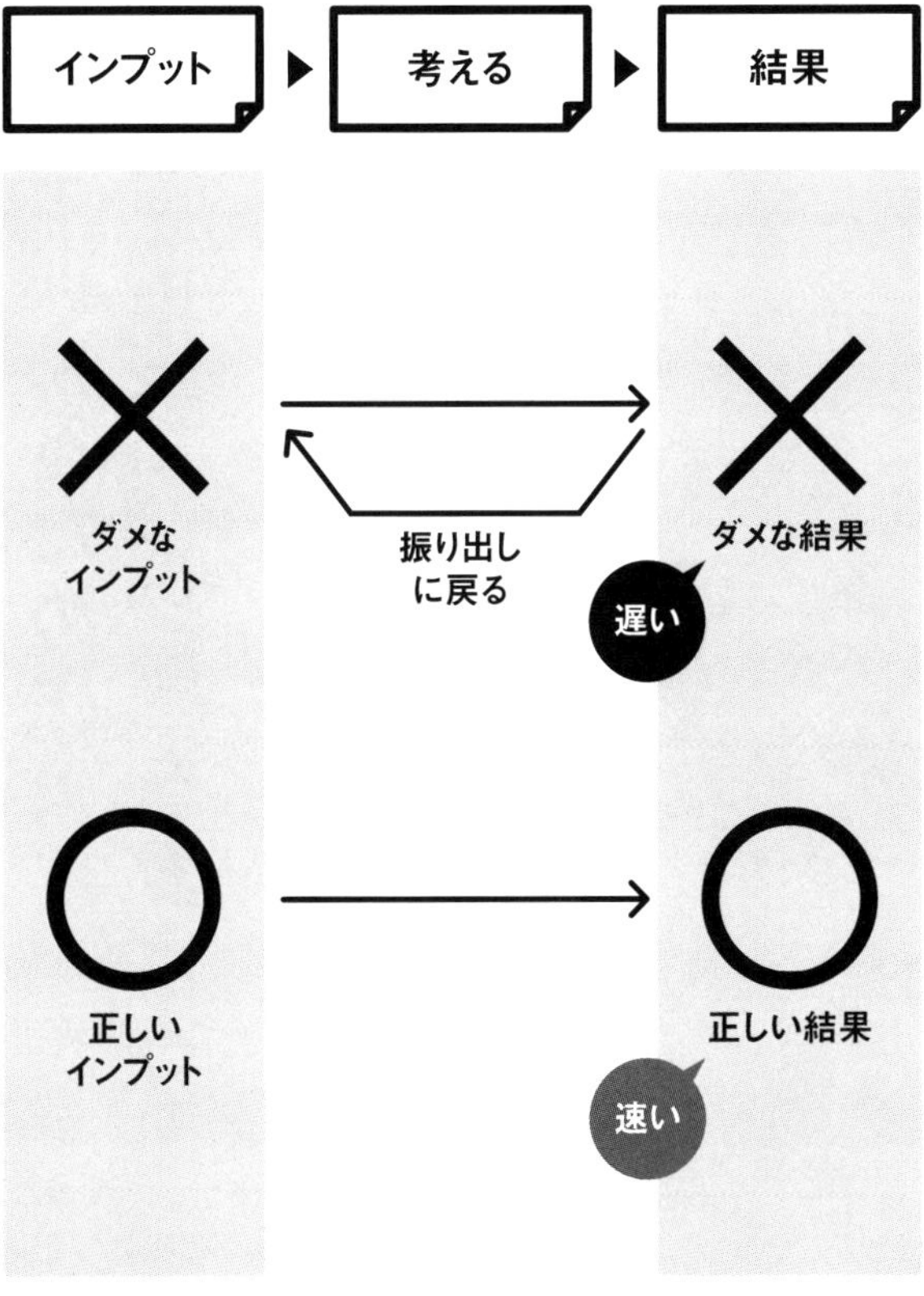

66

インプット

事実を捉えるために「視点」「視野」「視座」を変える

同じものを2人に見せたところ、Aさんは◯、Bさんは□と言いました。さて、何を見たのでしょうか？　答えは円柱です。

Aさんは円柱を真上から見て◯と思いました。Bさんは、真横から見て□と言いました。残念ながら、どちらも事実・実態とは違います。この間違った認識のまま仕事を進めたらどうなるでしょう？

円柱は手に取ってぐるっと見回したら、円柱だという実態を捉えることは簡単です。ですが、**ビジネスの世界では、そんなに簡単に事実を捉えることはできません**。自分が得た情報にはすでに誰かのバイアスがかかっていることもありますし、入手したデータが恣意的に加工されている場合もあります。

それでも、できるだけ事実に近づくアプローチをしなければなりません。

そのために**「視点」「視野」「視座」を変える**という方法があります。その3つの見方を使うことで円柱であることを捉えるのです。

▼「視点」――どこを見るかを変える

視点とは**「何の、どこを見ているか」**です。

例えば、「あの会社は最近右肩上がりみたいですよ」という場合。その会社の売上がアップしているのか、利益が上がっているのか、あるいは営業職を大量採用して攻勢をかけているのか、などいろいろな見方があります。円柱を手にとっていろいろな角度から見るイメージです。

同じものを見ているつもりでも、人によっても、もちろん違いますし、実は自分でもそのときどきの気分によって変わったりもするのです。

▼「視野」――見る範囲を変える

視野とは、**「見ている範囲」**です。

さきほどの例で視野を変えて見た場合。「最近右肩上がり」と言っても、実は黒字化したのは大都市部だけで、地方まで含めると赤字、という場合もあるかもしれません。あるいは、すごく目立つヒット商品がひとつあるので派手に見えるだけで、他の商品は実は赤字という場合もあるかもしれません。このように視野を変えて見ないと、「木を見て森を見ず」状態に陥ってしまいます。

一部だけを見たり、ちょっと引いて全体を見たりと、視野を変えて、全体像を把握しましょう。

「木を見て森を見ず」という話は一般的ですが、私は空間だけでなく、時間も視野の範囲と考えています。目先のことばかりを見て仕事をしていてはダメです。「3日先」「1週間先」「3カ月先」「半年先」「1年先」「3年先」のことを考え戦略を立てた上で、目先の仕事をするようにしましょう。

▼「視座」――見る立場を変える

視座とは、**「どの立場・どの場所から見るのか」**です。

「最近右肩上がり」という業績をどう見るかは、立場によって異なります。その営業所の所長にとってはいい結果かもしれませんが、その上位の事業部長から見ると、他の営業所は軒並み赤字で事業部全体の右肩下がりな業績に頭を悩ませており、他の事業所のことばかりを考えているかもしれません。さらに社長から見ると、この事業部は会社全体の5％の売上しか出していないので、大きな関心を寄せていないかもしれません。

一方、顧客は自分が店舗で見る一つひとつの商品にしか興味がないので、会社の業績のことは気にしていないでしょう。

このように、立場、役割などでものの見方が変わるのです。ビジネスでは、この視座が違うことによって、ひとつの事象に対していろんな人がいろんなことを言うので、その点を理解して仕事をしたほうがいいでしょう。

視座を自分でコントロールし、お客様が言っていることや自分の上位マネジメントが言っていることを客観的に理解することで、より事実・実態に近づくことが可能になります。

67

インプット

「タテ」「ヨコ」の質問で最短で本質にたどり着く

インプットする方法のひとつに、「人に聞く」があります。最も手っ取り早く、「生」の情報を手に入れるためには有効です。しかし、同じ人に同じ時間でヒアリングをしたとしても、質問をする人（質問者）によって驚くほど、得られる情報が異なります。その違いは、**質問力のレベルの差**から生まれます。

私がかかわったプロジェクトでも、トラブルが起きたときにすぐにリカバリーできるかどうかは、チームをまとめる人が、現場メンバーに対して「良い質問」ができたか否かで大きく異なっていました。**「良い質問」ができるということは、「良い結果」が手に入ることと同義**なのです。

良い質問とは、言い換えると本質を突き止められる質問のこと。トラブルであれば、根本原因にたどり着けるものです。本質にたどり着くかどうかで仕事の結果は変わってきます。トラブルの表層的な問題に手を打っても効果はなく、根本原因に対して手を打って根絶しないといけません。

では、良い質問をするためのポイントは何なのか？　それは2つあります。

「何を知りたいのか？」を明確にする

質問の目的は何かを知るということです。それがなければ質問は不要です。質問される立場で、「何を聞かれているか、意図がさっぱりわからない」という経験をしたことがあると思います。自分が質問をする立場となったときはそうなってはいけません。知りたいこと、明らかにしたいことが明確になっていないときは質問をする意味がありません。

相手に質問をするときは、一番最初に「今日は仕事の効率化のために、○○さんが今抱えている仕事量の課題について、正確に教えてほしいんだ」とか「今日は、A商品の売上が落ちている原因について、質問します」などと、**テーマをしっかり示す**必要があります。

▼広げる質問と深掘りをする質問

質問をするときは、**「2つのベクトル」**を用います。**ヨコ方向に「広げる」ベクトルとタテ方向に「深掘り」をするベクトル**です。この2つを意識しないまま単に疑問を投げても、回答は支離滅裂となり、井戸端会議のようになってしまいます。

例えば、「関東エリアの売上が落ちてきている」という事象に対して、「他の地域はどうなのか？」と聞くのが、広げる質問（ヨコ）です。一方、「東京はどうか？」「千葉はどうか？」など、関東エリアについて深掘りし、さらに「東京の中ではどうなっているのか？」といった具合に、その事象についてどんどん深掘りしていくのがタテの質問です。

可能であれば、この2つのベクトルを「質問している相手」と共有できると、相手は自分が今、何を聞かれているかがわかるので、話が通じやすくなります。次のページのような図を書きながら、質問を進めていけば、最短で本質にたどり着くヒアリングが可能になります。

広げる質問と深掘りをする質問

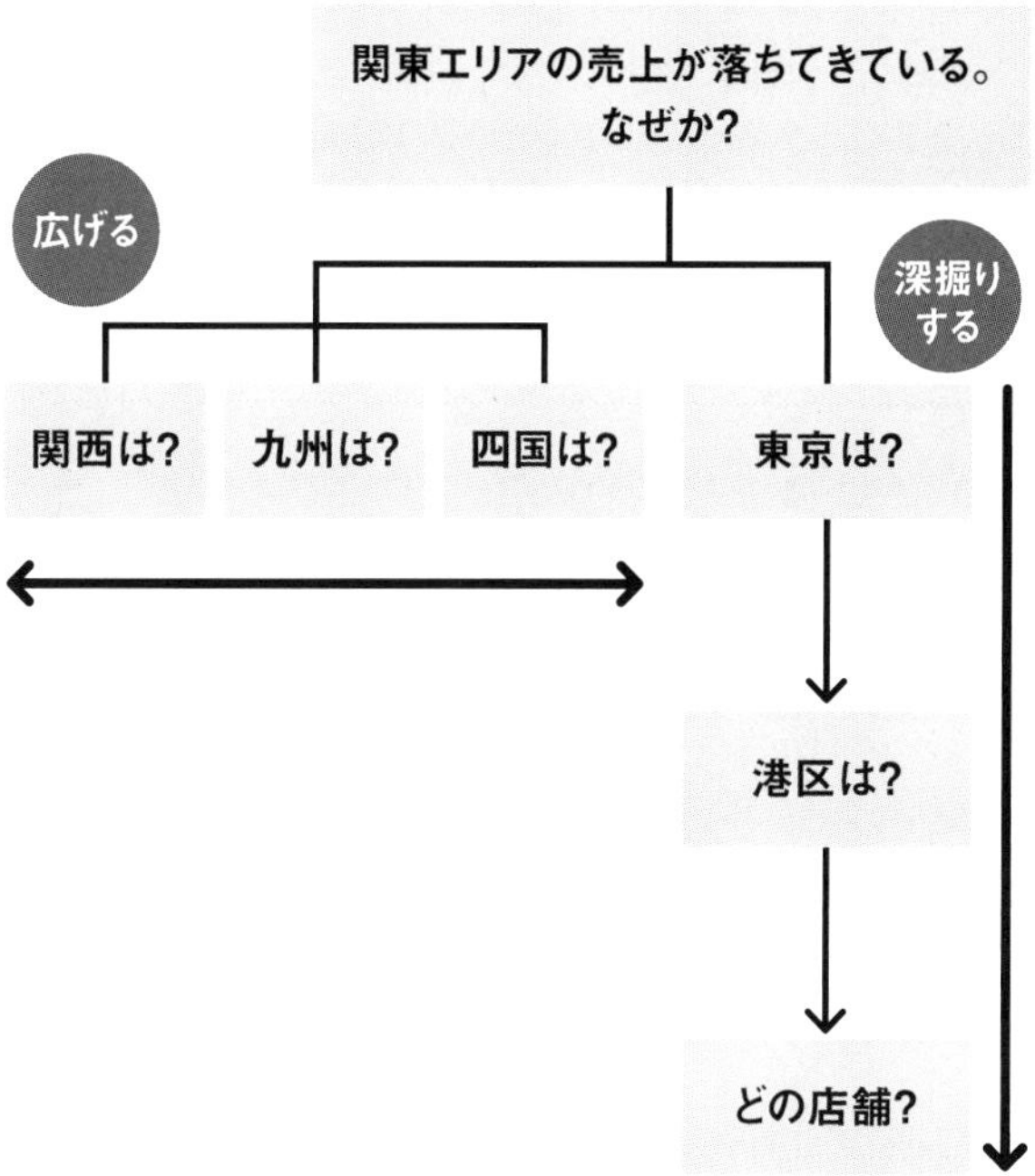

Point

今、どちらの質問をしているのかを、
聞き手と共有すると話がスムーズに進む

68

インプット

健全に「疑う」ことで手戻りをなくす

同僚やメンバーにデータ集計を依頼していたが、集計対象が間違っていたり、集計方法が間違っていたりすることがあります。その間違ったアウトプットをそのまま自分のインプットにしてしまうと失敗につながります。

人のことを疑いながら仕事をしたくはありませんが、**自分自身も含め、人は誰しも間違いを起こす**、ということを前提に仕事をしなければなりません。仕事を受けた側には問題がなくても、依頼した側の説明が悪くてミスにつながる場合もあります。

間違いがあったことで振り出しに戻ることがないように、人の調査結果や報告について、**健全に疑う**ようにしましょう。これは一般的には、**「クリティカル・シンキング」**と呼ばれるものです。クリティカル・シンキングは、日本語に訳すと「批判的思考」となり、ちょっとネガティブなイメージになってしまいます。実際は批判したり非難したりする、ということではなく、「健全」に「批判的観点」で物事が正しいかどうかを考える思考プロセスなのです。とはいっても、人の作業結果をすべて細かくチェックすることはできません。そこで、迅速に結果の妥当性を確認する方法を紹介します。

ポイントは3つ。**①インプットデータは何か、②どのようなアプローチを取ったか、③アウトプットをどう評価しているか**、です。

インプットデータとアプローチが合っていれば、結果が大きく間違っていることはありません。そして、そのアウトプットに対しての、その人自身の評価を聞いておけば、それで正しさの確度が上がります。

例えば、「このハンドクリームは冬以外は売れません。夏場に投入するのはやめたほうがいいと思います」とメンバーが報告を出してきたとき。「冬以外は売れない」というデータはどこから持ってきたのか？　どのような理由で夏場はやめたほうがいいと考えたのか？　その提案を自分はどう評価しているのか？　を確認するのです。

69

インプット

数字は「絶対数」だけで捉えない

子どもの熱が39度から2度下がって37度になりました。100度のお湯が2度下がって98度になりました。同じ2度ですが、重みはどうでしょうか？　39度に対しては5％、100度に対しては2％です。数字には、**「絶対数」と「相対数」**があることに注意しましょう。この2つの視点をしっかり持って、数字の重みを理解することが重要です。なぜ数字の重みを理解することが重要かというと、仕事では、より**「相対的なインパクトが強いほう」**に力をかけるのがよいからです。かぎられた体力・時間・コストをどこに投下するのか。投資対効果を考えて「選択と集中」をすることで、**最小の時間で、最大の成果を得る**ことができます。

相対数は何かと比べての数字です。その比べる観点のポイントを3つ紹介します。

▼「母数」と比べてどうか

ある部品の不良品が1000個あったと言われると一瞬、大きな印象を受けてしまいますが、母数が100万個であれば、それは0・1％の不良です。

▼「他」と比べてどうか

「1兆6000億円の売上」という数字を聞いたら、すごい売上だ、と思ってしまいますが、自動車業界と比べると、トヨタ1社の売上にも及んでいません。

▼「以前」と比べてどうか

今年の売上が、1兆6000億円。5年前は2兆円以上だったとしたら危機的状況であるということを示しています。

相対数は絶対数だけでは表現されないインパクトを表わします。インプットだけでなく、自分が資料をまとめる際に、この2つを使い分けることも重要です。

70

インプット

深く理解するために手書きにこだわる

最近ではほとんどのことがデジタル環境でできるようになりました。さらに、パソコンやスマホ、タブレットを複数使いながら、データを共有することも容易になりました。私もそういったデジタル環境の便利さは理解していますが、それでもあえて手書きにこだわっているツールもあります。

ノート、手帳、ToDo管理、どれも手書きでインプットしています。資料をエクセルやパワーポイントで作っても、最後の見直し・確認は必ず印刷して、手書きで赤入れをします。

その理由は、情報を頭の中にしっかり入れるためです。

手で書くという手間はかかるかもしれませんが、結果的には手書きのほうが理解す

るまでの時間が早いです。だから、その手間をかけるだけの価値があると私は考えています。

私自身の感覚ですが、タイピングでメモをしたり、パソコン上で資料をレビューしたりしても、どうしても脳ミソの表層部分にしか入らない感覚がありました。何の根拠もなく、感覚的に手書きを好んでいましたが、いろいろと調べてみると、世界では多くの実証実験があり、手書きのほうがタイピングよりも記憶に留めやすいということが報告されているようです。

また、**デジタル環境ではストレスを感じるくらい全体像が俯瞰しにくい**です。私の中では、俯瞰力に関してはアナログのノートと手帳に圧倒的な軍配が上がります。

手で書く手前に加えて、ノートや手帳がかさばったりする不便さはありますが、それだけの価値はあります。

71 ゼロから考えず「型」にはめて考える

すべての仕事は、**「インプット→考える（思考）→アウトプット」**という流れでできています。ここまで述べたアプローチで「インプット」の精度が高まってきたら、次は、「考える」の部分をいかに効率的にできるかが最速で結果を出すためのポイントとなります。あらゆるスピードアップの技術のなかで、最もできていない人が多く、それゆえに差がつくのがこの「思考」のプロセスだと私は考えています。

「思考」といっても仕事で使う頭の使い方は、学生時代の勉強とは違います。学生時代は暗記中心の勉強で、数学や物理であっても、暗記した公式を使って正解を導き出すことがゴールでした。しかし、ビジネスには正しい答えはありません。**複雑で雑多な状況を最速で整理し、最適解を出すことが求められる**のです。

思考のスピードが速い人はどのように考えているのか。**絶対にゼロからは考えていません**。「型」すなわちフレームワークを使って、いい意味で「ズル」をしています。反対に、思考が遅い人は、その思考の「型」を知らないので、思いつきでもぐら叩きのように考え、時間がかかる上に考慮モレが多く発生します。

型にはめる、すなわち**フレームワークを使うと、どの範囲で何を考えないといけないかの枠組みが決まります**。思考する枠組みが決まるため考慮モレがなく、その枠以外のことを考えなくていいのでムダがありません。

フレームワークは、いわば散らかった子ども部屋を片づけるときの、おもちゃ箱のようなものです。子ども部屋を片づけるときは、「おもちゃの種類ごと」に片づけることもあれば、「持ち主（子ども）ごと」に片づけることもあります。「捨てるもの／捨てないもの」で分けることもあります。このおもちゃ箱（フレームワーク）の種類は大量にあり、コンサルティング業界の人が辞典を作るくらいです。でも、恐れる必要はありません。まず身につければいいのは、①**MECE**（**全体像を把握する**）、②**ピラミッド**（**構造化する**）、③**課題解決のフレームワーク**、の3つの型だけです。

72 【最速フレームワーク①】MECEで「全体像」を把握する

散らかった事象を最速で整理するときに最も重要なポイント。それは、**「全体像」を把握すること**、さらに言えば、「モレのない」全体像を把握することです。

全体像を描くと、今やっている仕事や考慮していることが全体のどこに位置づけられているかが明確になります。一生懸命、体力と時間をかけてやっている仕事が、実は全体から見ると些末なことだった……という失敗はよくあります。

全体を俯瞰した上で、「適切な体力と時間」を、「適切な場所」にかけるためにもフレームワークが必要になります。

例えば、あなたの事業部が「グローバル展開をしよう！」という目標を立てたとします。最初にすべきは、世界地図を広げ、どんな大陸、地域、国があるかを見て全体像を把握することです。これをせずにいきなり「アメリカと中国を攻めてそれぞれ100億円の売上を立てるぞ！」と考えてしまうと、戦略に穴ができてしまいます。

ここで使うフレームワークが、**「MECE」**です。MECEとは、ロジカル・シンキングの最も基本的なフレームワークで、「Mutually Exclusive―ダブリなくCollectively Exhaustive―モレなく」の意味です。「すみません、考慮がモレていました」という言葉を発してしまうことが多い人は、MECEのアプローチが身についていないのだと思います。

世界地図の例で言えば、そこにはユーラシア大陸、アフリカ大陸、北アメリカ大陸など、6つの大陸があり、そしてそれぞれの大陸には地域と国があります。その全体像をおさえてから、グローバル戦略として攻める国と攻めない国を色付けして決めるのです。いきなり、思いつきでアメリカと中国を攻めるぞ、と決めてはいけません。

なお、**実際のビジネスでMECEを使うときには、ME（ダブりなく）よりも、CE（モレなく）のほうが100倍大事**です。理由はなんとなくわかると思います。世界地図の例だと、ある大陸ごとごっそりと考慮がモレていたら影響は大きいですよね。

思考の「型」

73 【最速フレームワーク②】ピラミッドで「構造化」する

ＭＥＣＥで全体像を把握したら、今度は**「ピラミッド構造」**というフレームワークを使って**物事を「構造化」**していきます。ピラミッドで構造化するとは、**物事を分類し、それを階層に分けて整理する**ことです。

前項で紹介した世界地図を例に説明しましょう。まず、ＭＥＣＥでモレのない全体像をおさえました。これをひとつずつ小さなレベルに段階的に分解していきます。

例えば、南アメリカ大陸を分解すると、ブラジル、アルゼンチン、チリ、コロンビアなどの国が出てきます。これを大陸の下の階層に並べます。さらに小さいレベルに分解すると、各国の都市が出てきます。このようにして、段階的に階層化して整理するのです。

社員が1000人いる会社の人事戦略を考える場合、まず、社員を整理してから戦略を考えます。社員をグルーピングして組織を階層化します。そうすると組織図ができ上がります。

このように組織図として整理をすれば、組織単位に戦略を検討することができます。漠然とした1000人について分析したり考えたりするよりも、より効率的に簡単に考えることができるのです。

MECEで全体を整理し、ピラミッドで段階的に階層構造化する。

このように整理するとなにがいいのでしょうか。自分の仕事、チームの仕事の**「選択と集中」が適切にできる**ことです。この分野については劣後する、この階層の課題解決を優先する、といった感じでポイントごとに優劣をつけ、決めていくことができるようになります。整理されていない状態では、適切な判断はできません。

また、整理ができていないと、「致命傷」となるような考慮のモレが生まれてしまうこともあります。

例えば5章立ての本を執筆するときに、①文章を書く、②図を作成する、③イラストを発注するという3つの作業が発生したとします。例えば①の文章を書くなかで、コラム一つ分の執筆が抜けていた！　という程度なら、すぐにリカバリーが可能でしょう。しかし、③のイラスト発注を、ごっそり忘れていた、という場合、そもそも納期に間に合わないという事態にも発展しかねません。

時間と資源は限られています。最小の時間と資源で、最大の成果を生み出すために、ＭＥＣＥとピラミッド構造は必須のフレームワークです。

全体を見て、どこに力を入れるかを決める

MECE で全体像を把握する

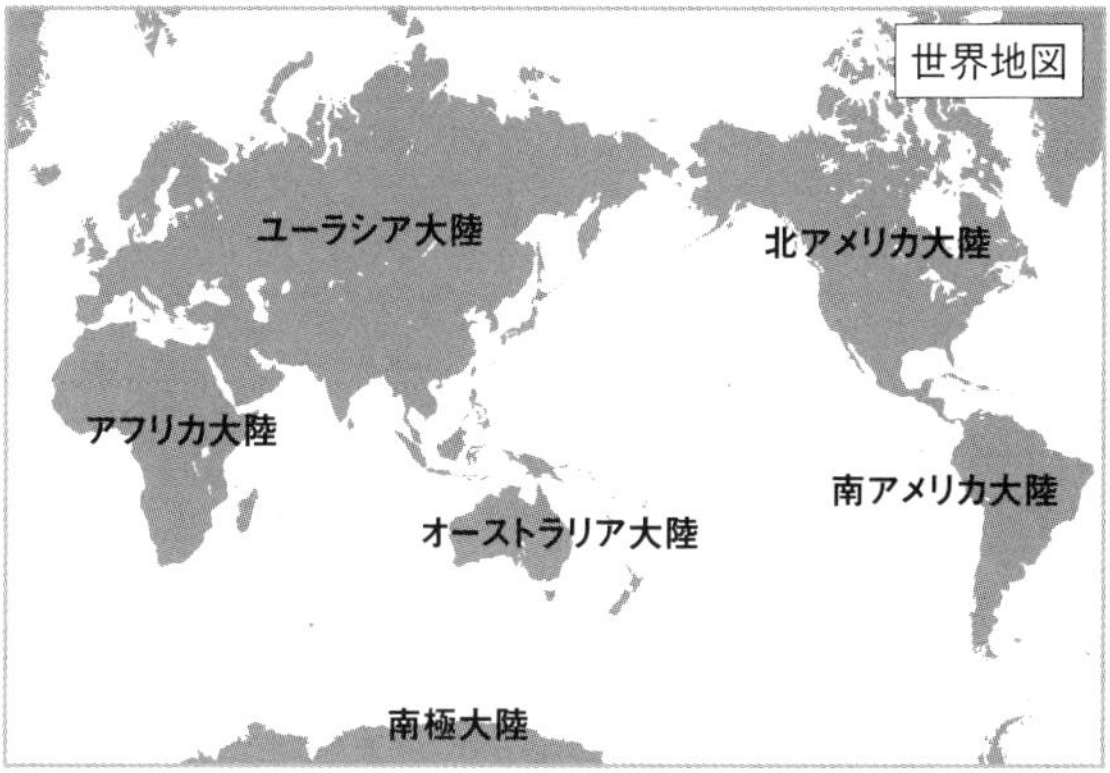

ピラミッドで構造化する

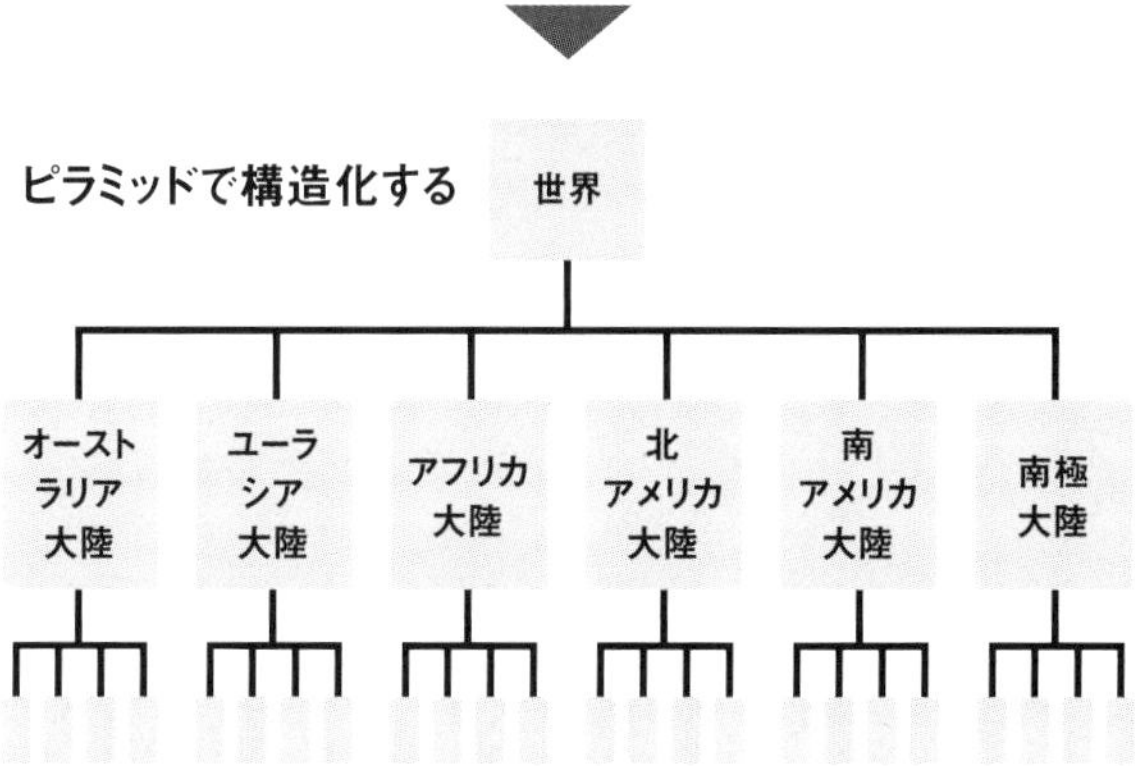

74 【最速フレームワーク③】課題を解決するフレームワーク

仕事を最速にするフレームワークの3つめは、「**課題解決**」のフレームワークです。どんな仕事でも問題・課題は発生します。仕事とは、課題解決そのものでもあります。そのために、私は3つの基本的なフレームワークを組み合わせて、「課題解決のフレームワーク」として使っています。何か問題・課題が発生したら、すぐにこのフレームワークを使って整理し、真因を追究し、問題・課題解決のアクションを決めています。それでは、3つの基本フレームワークを紹介しましょう。

▼「空・雨・傘」

「空を見たら厚い雲がかかっていた。雨が降りそうだから、傘を持って行こう」

課題解決や意思決定をするときに使うフレームワークです。厚い雲がかかっている空は、状況の事実認識で、雨が降りそうというのは、その事実に対する解釈や予測です。そして、その解釈・予測に基づいて、傘を持って行こうというアクションをとります。**空＝事象、雨＝課題、傘＝解決策**と読み替えて使っています。

▼「ビジネスシステム」

ビジネスの流れを図示して把握し、競合他社との比較分析を行うフレームワークでは、この枠組みを利用します。**どの仕事も何かの大きな流れの一部**です。その仕事の流れをフロー図にします。仕事のフローを図解することで、論点が明確になり、注力すべきポイントが絞りやすくなります。また、このフローの範囲内でMECEにしておけば致命的な考慮モレはなくなります。

まずは、この2つのフレームワークを組み合わせます。上にフロー図を書き、下に空・雨・傘のマトリクスを書くと、課題解決のための枠組みができあがります。そして、その枠の中に発生している事象（空）から書いていきます。

▼「WHYを5回」

これは、超有名で知っている人が多いにもかかわらず、実際に使っている人が少ないフレームワークです。ほとんどの人が、目に見えている表層的な事象に対して、Why-Why-Whyと深掘りをせずに表層的なアクションを決めています。

コストを削減せよ、と言われたときにすぐにオフィスの電気を節電する、と言ってしまうのはこのパターン。大抵、目に見えている事象は表層レベルのことです。その段階でアクションを決めてしまっては、表層部分のアクションにしかなりません。**深層にまでたどり着いたアクションこそが、最大の成果をもたらします。**

例えば、体に発疹が出たときに塗り薬を塗るのではなく、根本原因を探していくのです。アレルギーが原因で発疹が出ることもあれば、ストレスによって発疹が出る場合もあります。アレルギーも、食べ物が原因なのか、何かを触ったことによるのか、見極めなくてはいけません。ストレスも、仕事とプライベート両方のストレスがあります。とにかくWhy-Why-Whyと繰り返して問題を深掘りしていくのです。そして、そのたどり着いた根本原因に対してアクションを打ってこそ、いい仕事となるのです。

課題解決フレームワーク

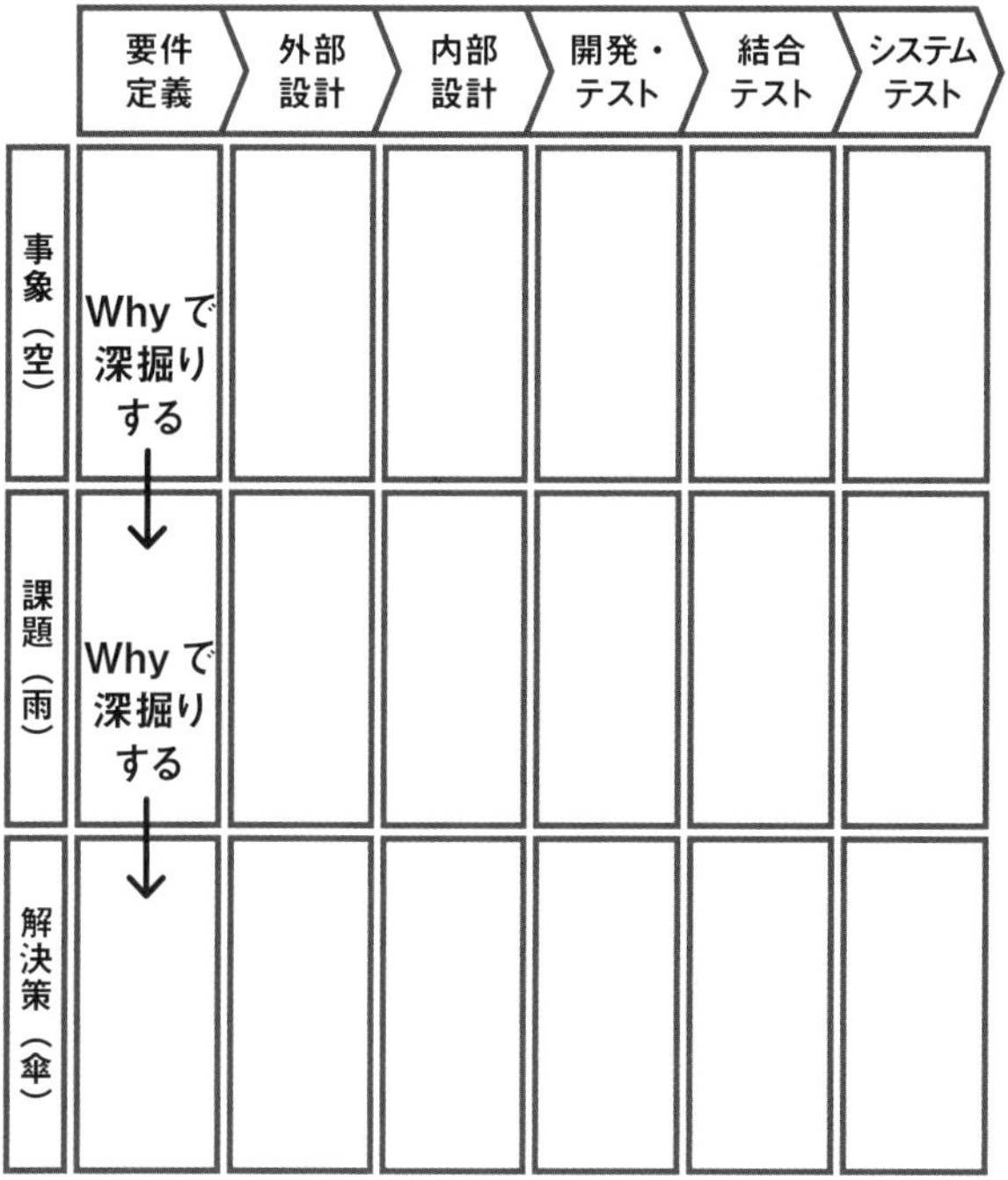

Point

この型ひとつで、
あらゆる課題解決の場面に対応できる

75

思考の「型」

2本の線で、フレームワークを作る

ここまで3つのフレームワークを紹介しましたが、世の中にはこれ以外にも、PPM、3C、AIDA、4P/5Pなど、無数のフレームワークが存在します。ですが、コンサルタントでない人は、普段の仕事の中でそれらを使う機会はほとんどありません。実際に私も有名なPPMや3Cを仕事で使ったことはありません。

つまり、普段の仕事の中では余り使うことのないフレームワークが多いのです。では、どうするのか？　自分で、自分の仕事に合った、自分の直面している課題に合ったフレームワークを作るのです。

自分でフレームワークを作るとはいっても、そんなに大げさなものではありません。線を2本書いて軸の意味を決めるだけでできあがります。

例えば、自分のチームのメンバーを評価するときに、2本の線を引いて4象限を作り、2軸の意味を「スキル×年数」や「業務知識×ITスキル」などと決めおけば、その分類ごとに分析・評価ができるのです。

この2軸で作るフレームワークには次の3つのタイプがあります。

▼真ん中で交差する4象限タイプ

PPM（Product Portfolio Management）で使われるタイプです。線を2本真ん中で交差させれば4象限ができます。2本の軸の意味をそれぞれ決めれば、2×2の4つのセグメントができ、それらごとに評価分析ができます。さらに、応用として、縦横それぞれ1本ずつ線を追加すれば3×3の9象限の分類が可能となります。

▼左上で交わるマトリクスタイプ

表形式で事象を整理するときに使います。まず、左上から縦と横に2本の線を引きます。そして、縦軸と横軸、それぞれ決めた分類のものを書き出せば表となります。

店舗別の書籍の売上率を、分類ごとに評価するケースを例にしてみます。

縦軸に店舗を洗い出し、横軸に書籍の分類を定義します。このマトリクスを使って店舗別の売上率を評価します。

▼左下で交わるグラフタイプ

時間の経過や、課題解決のステップを表現するときに使うタイプです。横軸に時間をとり、縦軸に達成度をとれば、時間経過に沿った完了率を可視化できます。

2本の線を引くだけで、仕事上のほとんどの課題整理はできるようになります。逆に言えば、2本の線で整理できないものは複雑すぎるので、MECEとピラミッド構造でもう少し整理が必要、とも言えます。このアプローチを使いこなせるようになるには、ちょっと慣れが必要です。「とりあえず」2本の線を書くところからスタートしてみましょう。最初からうまくはいきませんが、すぐにコツをつかめます。

そんなに難しいことではありません。私もメンバーには、「まずは線を2本引け」と言っています。

自分で作れるフレームワーク

4象限タイプ

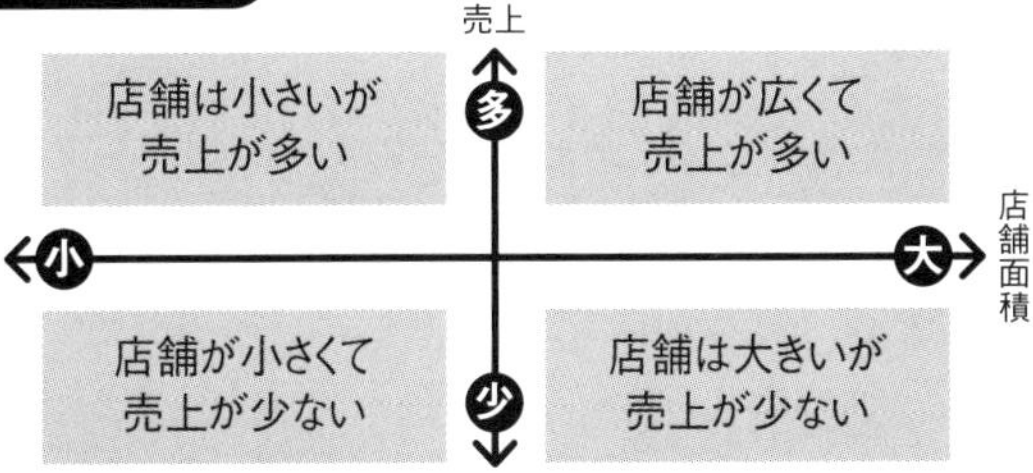

マトリクスタイプ

売上比率 (%)

	ビジネス書	料理	参考書	その他
A店	60	10	20	10
B店	30	50	10	10
C店	40	30	20	10
D店	15	20	60	5

グラフタイプ

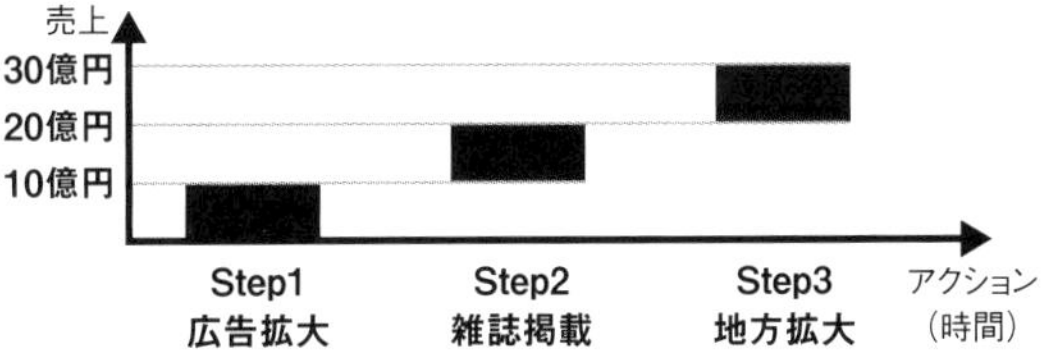

おわりに

仕事を速く終わらせることは多くのビジネスパーソンの望みだと思います。私も、スピードにこだわって仕事をしています。しかし、ゴールはそこではありません。目的はあくまでも成果を出すことであって、スピードはひとつの手段です。

本書では数々の仕事のスゴ技を紹介してきました。読んですぐに実践できそうなものを集めましたが、なかには最終章で取り上げた「思考のフレームワーク」のように、少々ハードルが高いものもあります。しかし、だからこそ、身につければ大きな差を生み、一生使える本物のビジネススキルとなるのです。

私は、「思考」こそが仕事の成果を左右するものだと思っています。どれだけ考えて仕事をするかが重要です。あなたも、日々の仕事のやり方をぜひ見直してみてください。どこまでも広大でどこまでも深い「思考」スキルの世界に足を踏み入れるきっかけに本書がなれたなら、著者としてうれしいかぎりです。

木部　智之

本書は、ＫＡＤＯＫＡＷＡから刊行された単行本『仕事が速い人は「見えないところ」で何をしているのか？』を、文庫収録にあたり、改題のうえ加筆・改筆・再編集したものです。

木部智之（きべ・ともゆき）
パナソニック システムソリューションズ ジャパン 執行役員。
横浜国立大学大学院環境情報学府工学研究科修了後、2002年に日本IBMに入社。数々の炎上プロジェクトの火を消し、エグゼクティブ・プロジェクト・マネージャーに。2018年よりパナソニックのソリューションビジネスの立ち上げに従事し、2020年最年少執行役員。これまで、プロジェクト現場に従事する傍ら、人材育成にも力を注ぎ、社内外でビジネススキルや仕事術に関する研修やセミナーを実施。著書に、『複雑な問題が一瞬でシンプルになる2軸思考』（KADOKAWA）、『年間240時間を生み出す超速PC仕事術』（東洋経済新報社）など。

知的生きかた文庫

優秀《ゆうしゅう》な人《ひと》がこっそりやっている
仕事《しごと》のスゴ技《わざ》75

著　者　木《き》部《べ》智之《ともゆき》
発行者　押鐘太陽
発行所　株式会社三笠書房
〒一〇二-〇〇七二　東京都千代田区飯田橋三-三-一
電話〇三-五二二六-五七三四〈営業部〉
〇三-五二二六-五七三一〈編集部〉
https://www.mikasashobo.co.jp
印刷　誠宏印刷
製本　若林製本工場

ISBN978-4-8379-8747-5 C0130

知的生きかた文庫

頭のいい説明「すぐできる」コツ
鶴野充茂

「大きな情報→小さな情報の順で説明する」「事実＋意見を基本形にする」など、仕事で確実に迅速に「人を動かす話し方」を多数紹介。ビジネスマン必読の1冊！

なぜかミスをしない人の思考法
中尾政之

「まさか」や「うっかり」を事前に予防し、時にはミスを成功につなげるヒントとは――「失敗の予防学」の第一人者がこれまでの研究成果から明らかにする本。

1万人の脳を見てわかった！「成功脳」と「ざんねん脳」
加藤俊徳

仕事も人生も、すべては「脳の使いかた」ひとつ。日常の〝小さな刺激〟で8つの脳番地が目覚める！　脳科学者が20歳のときに知っておきたかった〝脳の秘密〟とは――

世界のトップを10秒で納得させる資料の法則
三木雄信

ソフトバンクの社長室長だった著者が、孫正義社長仕込みの資料作成術の極意を大公開！　10種類におよぶ主要資料作成のツボと考え方が、これ1冊で腹落ちする!!

マッキンゼーのエリートが大切にしている39の仕事の習慣
大嶋祥誉

「問題解決」「伝え方」「段取り」「感情コントロール」……世界最強のコンサルティングファームで実践されている、働き方の基本を厳選紹介！　テレワークにも対応!!

C50433